象棋入门
实战技巧100则

于川　叶中　编著

化学工业出版社

·北京·

图书在版编目（CIP）数据

象棋入门实战技巧100则/于川，叶中编著. —北京：化学工业出版社，2020.6
ISBN 978-7-122-36065-6

Ⅰ.①象… Ⅱ.①于… ②叶… Ⅲ.①中国象棋-基本知识 Ⅳ.①G891.2

中国版本图书馆CIP数据核字（2020）第052942号

责任编辑：史 懿　杨松淼　　　　　　装帧设计：刘丽华
责任校对：宋　玮

出版发行：化学工业出版社有限公司（北京市东城区青年湖南街13号　邮政编码100011）
印　　装：三河市延风印装有限公司
710mm×1000mm　1/16　印张16　字数260千字　2020年7月北京第1版第1次印刷

购书咨询：010-64518888　　　　　　售后服务：010-64518899
网　　址：http://www.cip.com.cn
凡购买本书，如有缺损质量问题，本社销售中心负责调换。

定　　价：49.80元　　　　　　　　　　　　　　　版权所有　违者必究

前　言

象棋博大精深，源远流长，可谓是我们中华民族的文化瑰宝。从古至今，名家高手层出不穷，精妙战法不断涌现。特别是最近几十年间，随着经济的发展，象棋爱好者人数快速增长，象棋的技术水平得到了空前的发展和提高。

为了让象棋爱好者尽快掌握象棋的制胜技巧，我们总结了常见象棋战术的基础性规律，将它们提炼出100条朗朗上口又便于记忆的要诀，并通过丰富的高手实战对局，深入浅出地对要诀所蕴含的象棋棋理和战术精髓进行解析。希望读者能够在欣赏精彩棋局着法的同时，将要诀熟记于心并在对弈过程中不断领悟其中的战术意识。

笔者多年来从事象棋的普及教育工作，与化学工业出版社有过多次合作，双方形成的默契也促使这部作品能更高效、高质完成。当然在写作过程中也遇到过一些问题，需要重新调整思路，寻找新的素材等。如今克服各种困难，看到自己的作品得以顺利出版，内心的喜悦之情也油然而生。

衷心希望读者朋友们能够通过这本书的学习，不断提高象棋水平并更加热爱象棋运动。由于笔者水平所限，书中难免有纰漏之处，希望广大读者朋友批评指正。

于　川

2020年4月

目 录

第一章　炮类实战技巧

一、炮勿轻发 …………………………………………… 1

二、炮头空，恶又凶 …………………………………… 3

三、翻江轵辘炮，恰似把葱剥 ………………………… 6

四、双炮一条绳 ………………………………………… 9

五、有炮需留他家士 …………………………………… 12

六、残局炮回家 ………………………………………… 14

七、炮进冷巷，难兴风浪 ……………………………… 16

第二章　车类实战技巧

一、一车十子寒 ………………………………………… 19

二、得势宁可弃车 ……………………………………… 22

三、输棋只因出车迟 …………………………………… 24

四、车不落险地 ………………………………………… 27

五、车结霸王，铁壁铜墙 ……………………………… 29

六、低头车，阵式虚 …………………………………… 31

七、车正永无沉底月 …………………………………… 33

第三章　马类实战技巧

一、马逢边要亡 ………………………………………… 36

二、马有八面威风 …………………………… 37

　　三、马不躁进 ……………………………………… 40

　　四、马退窝心，不死也昏 ……………………… 42

　　五、一马换双象，其势必英雄 ………………… 45

　　六、连环马气死单车 …………………………… 47

　　七、双马如铰刀，看你往哪逃 ………………… 49

　　八、卒坐宫心马一绕 …………………………… 52

第四章　兵（卒）类实战技巧

　　一、一卒功成见太平 …………………………… 55

　　二、小卒过河当大车 …………………………… 58

　　三、一卒之微，全局攸关 ……………………… 60

　　四、弃卒开僵局 ………………………………… 63

　　五、棋多双卒易胜 ……………………………… 65

　　六、老卒搜林 …………………………………… 67

第五章　士象类实战技巧

　　一、士亏应兑车 ………………………………… 70

　　二、支起羊角士，不怕马来将 ………………… 73

　　三、无事不支士 ………………………………… 75

　　四、缺士怕双车 ………………………………… 77

　　五、支错士，自找事 …………………………… 79

　　六、背士象，忌炮攻 …………………………… 82

　　七、缺象惧炮攻 ………………………………… 84

　　八、象眼谨防塞 ………………………………… 87

　　九、象勿乱飞 …………………………………… 89

第六章　将（帅）类实战技巧

　　一、高将多危 …………………………………… 92
　　二、将忌暴露 …………………………………… 95
　　三、将军大脱袍 ………………………………… 97
　　四、无事不动将 ………………………………… 99

第七章　子力配合类实战技巧

　　一、车马冷着 ………………………………… 102
　　二、二鬼拍门 ………………………………… 104
　　三、三车闹士，神医难治 …………………… 107
　　四、单车寡炮不成棋 ………………………… 109
　　五、插上铁门栓老帅受煎熬 ………………… 112
　　六、大刀剜心，老将抽筋 …………………… 114
　　七、三子归边，将帅喊天 …………………… 116
　　八、天地炮响，神兵难挡 …………………… 119
　　九、马后炮把命要 …………………………… 122
　　十、沿河十八打，皇帝拉下马 ……………… 124
　　十一、中路攻坚靠叠炮，一杯不醉两杯醉 … 126
　　十二、卒坐宫心，老帅发昏 ………………… 129

第八章　战略战术类实战技巧

　　一、开局时，炮不换马 ……………………… 131
　　二、开局务要抢先 …………………………… 133
　　三、胜棋不闹事 ……………………………… 136
　　四、无叫将不食中宫卒 ……………………… 139
　　五、死子不急吃 ……………………………… 141

- 六、巧用等着 …… 144
- 七、得先时切忌急躁 …… 145
- 八、下棋最忌随手 …… 147
- 九、彼强击帅 …… 150
- 十、得子失先非上策 …… 152
- 十一、骄兵必中计 …… 155
- 十二、金蝉脱壳 …… 157
- 十三、良机稍纵即逝 …… 160
- 十四、劣势不妨搏杀 …… 163
- 十五、临杀勿急 …… 165
- 十六、谋定而后动 …… 168
- 十七、宁失子,不失先 …… 170
- 十八、棋错一着满盘皆输 …… 172
- 十九、善战者求势 …… 175
- 二十、微隙在所必乘 …… 177
- 二十一、勇者制胜,善出奇兵 …… 178
- 二十二、真假先手,辨清再走 …… 182
- 二十三、借势谋子 …… 184
- 二十四、暗度陈仓 …… 186
- 二十五、兵贵神速 …… 189
- 二十六、不贪食饵兵 …… 192
- 二十七、当断不断,反受其乱 …… 194
- 二十八、积小胜为大胜 …… 197
- 二十九、恋子莫如弃之 …… 200
- 三十、妙使顿挫 …… 203
- 三十一、莫放虎出笼 …… 205
- 三十二、欺着莫走,强胜易负 …… 208
- 三十三、弃小图大 …… 210
- 三十四、擒贼擒王 …… 213
- 三十五、声东击西 …… 215

三十六、失先弃子却无成 ············ 217
三十七、授人以隙，后悔无及 ············ 220
三十八、双重威胁 ············ 224
三十九、顺水推舟 ············ 226
四十、贪攻忘危棋势溃 ············ 229
四十一、调虎离山 ············ 232
四十二、我势弱，勿轻进 ············ 235
四十三、重守怯攻，智者不为 ············ 237
四十四、先固己，再攻人 ············ 240
四十五、釜底抽薪 ············ 241
四十六、欲速不达 ············ 244
四十七、输棋只因次序错 ············ 246

第一章

炮类实战技巧

一、炮勿轻发

炮在开局中具有很强的作用。"炮勿轻发"指的是炮在未得到其他子力支援的情况下,不宜过早出击。因为一旦发出后,往往会造成子力之间的联系被隔断,整体阵形落后,大子出动缓慢等不利局面。正所谓"孤炮出巡,得不偿失"。

例1 如图1-1是2012年全国象棋个人赛第一轮王天一对张欣战至第十回合的形势,轮到黑方走棋。分析盘面应该说双方差不多,但是小将张欣面对赛前夺标呼声较高的对手似乎有些紧张,贸然炮打中兵,授人以柄。

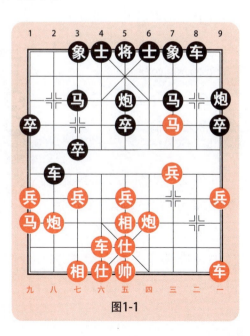

图1-1

（1）⋯⋯⋯⋯⋯⋯ 炮5进4

黑炮击中兵可改走卒5

进 1，红方如马三退五，马 7 进 5，马五进三，炮 5 进 4，黑方可抗衡。

（2）车六进二　车 8 进 6　　（3）兵九进一　车 2 退 2

黑方如车 2 平 1 去兵，红方炮八进一，车 1 平 5，马三进一，象 7 进 9，兵七进一，伏车六进四，红方大优。

（4）兵三进一　炮 9 进 4　　（5）车六进四　马 7 退 5
（6）车六平四　马 5 进 4

黑方不得不舍去一子，如象 3 进 5，马三进二，车 8 退 5，车一进三，车 8 进 8，炮四退二，面对红方车一平四及车一平五的双重威胁，黑方难以应付。

（7）兵三平四　士 4 进 5　　（8）车四平七　象 3 进 5
（9）马三退四　车 8 平 6　　（10）马四进六　炮 5 退 1
（11）车七退二　车 2 进 1　　（12）车七平八　马 4 进 2
（13）马九进八　马 2 进 4　　（14）马八进七　象 5 进 3
（15）兵七进一　车 6 平 2　　（16）炮八平六　象 7 进 5
（17）车一平三　炮 9 平 7
（18）兵七进一　象 5 进 3
（19）炮四进二

至此双方盘面相差悬殊，黑方欣然认输。

例 2　如图 1-2，黑先，本来黑方车 2 进 6，车八进二，马 1 退 3，成对抗之势，黑方理应满意。然而黑方求胜心切，冒险弃子强攻。

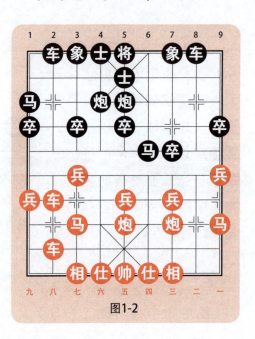

图 1-2

（1）………… 马6进5　　（2）车八进六　马1退2
（3）马七进五　炮5进4

中炮击出，黑方得空头炮之利。但无奈缺乏足够的子力支援，终难以成事。

（4）炮五进四　炮4平5　　（5）车八进八　车8进7
（6）车八退七　炮5退2　　（7）车八平六　车8退4

红方收肋车正确，否则黑方车8退4后，红方要丢炮。

（8）车六进四　车8平6　　（9）帅五进一　将5平6
（10）帅五平六　后炮平4　（11）车六平七　车6进4
（12）马一进二　车6退1　（13）仕六进五　炮5平4

黑方如车6退3，马二进三，车6平4，炮三平六，黑方亦强攻乏力。

（14）炮五平六　车6退3　（15）兵七进一　前炮平5
（16）炮三平六　车6平8　（17）后炮进五　士5进4
（18）炮六平九　车8平4　（19）仕五进六　象7进5
（20）车七平一

黑方虽吃回失子，但红方已成多兵胜势。

二、炮头空，恶又凶

象棋在开局和中局的大多数情况下，如果能够走成空头炮，往往就可获得较大的优势。原因在于防守一方难以补起士象，老将易受对方大子的联合攻击。

例1　如图1-3是2014年全国象棋甲级联赛第四轮程鸣对潘阵波下至20回合的中局盘面。轮到红方行棋，黑方7路车正在捉红炮，红方面临选择。实战中红方紧盯黑方中路弱点，毅然出手，大胆对攻,获得了胜利。

(1)炮三平五　炮2平3

红方平中炮,抓住了黑方的主要弱点。由于黑方右马屯边,中卒无子保护,它必成为红炮口中之物。黑方平炮打相,尽量骚扰红方。此时如车7进3吃相,红方可帅五进一爬帅,八路炮守住下二路,可谓"一夫当关万夫莫开"。以下红方可放手

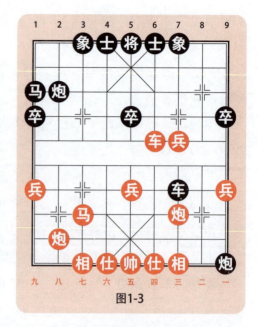

图1-3

猛攻黑方中线,黑方不好应对。黑方又如象7进5补棋防守,红方可炮五进四叫将,黑方士6进5,相七进五,红方从容飞相补好后防,局面上形成压倒性的优势。

(2)马七进六　车7退1

红方跃马河口简明,如急于炮五进四,黑方可马1进3(如炮3进7,帅五进一,黑方无棋,红方主动)。以下红方如误走炮八平五??车7进3,前炮平三,马3退5!炮三平五,马5进3,黑方胜势。黑方退车捉马加速败局,不如象7进5,炮五进四,士4进5(士6进5,帅五进一,黑方亦难走),帅五进一,车7平5,帅五平四,将5平4。黑方虽然形势仍很艰难,但好于实战。

(3)马六进八　炮3进6　　(4)炮五进四　车7进4
(5)帅五进一　车7退1　　(6)帅五进一　车7退1
(7)帅五退一　卒1进1

黑方对杀不成,防守又守不住。挺边卒有些无可奈何。此步如马1进3,红方马八进六!车7进1,帅五进一,马3进4,帅五

平四，以下黑方如马4退6吃车，马六进七，将5进1，炮八进八，红胜。黑方又如马4退5吃炮，则车四进四，红胜。

（8）**马八进六**

至此面对红方车四进三的杀着，黑方主动认输。

例2 如图1-4，黑先，这是2014年全国团体赛郑一泓对王天一刚开局五回合的盘面。双方为争取胜利，在布局阶段可谓"大打出手"。红方弃空头炮，过三路兵，准备炮击黑方7路象，意在抢先。实战中，黑方以牙还牙，弃马抢攻，以快如闪电的进攻压制住红方，最终夺取了胜利。

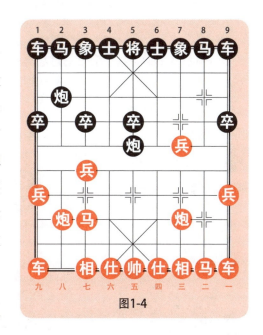

图1-4

（1）………… 马8进7

黑方弃马，是近几年发掘出的一步妙手。

（2）**炮三进五** 炮2进4　　（3）**兵三平四** 炮5进1

（4）**帅五进一** 车1进2

黑方高车捉炮，是弃马之后重要的手段，这样可以让车迅速投入战斗。

（5）**炮三退六** 车9平8　　（6）**马二进三** 车8进4

（7）**马七进六** 车1平4

红方进河口马无奈，当然不能炮八进七吃黑马，否则黑方炮2平5，帅五平六，车1平4杀！

（8）**炮三进八** 士6进5　　（9）**炮三退五** 车8进4

（10）**帅五进一**　炮2平5　　（11）**帅五平四**　车4平6

红方如帅五平六，黑方后炮平3也是胜势。

（12）**炮三平四**　车6进2　　（13）**车一进二**　车8平7！！

黑方平车准备硬砍马，妙极！至此红方无法阻止黑车7退1，再车6进1的杀着，遂主动认输。

三、翻江轳辘炮，恰似把葱剥

指车炮于对方底线，利用抽将尽毁对方士象，就像剥葱一样一层层的削减对方防守力量。

例1 如图1-5，选自实战中局。

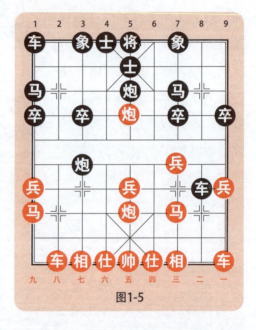

图1-5

（1）**车一平二**　车8平7

红方兑车顺理成章，对自己三路马的弱点也可谓早有对策。黑方平车压马有些过于贪胜，不如车8进3，马三退二，马7进5，炮五进四，车1平2，车八进九，马1退2，进行无车棋的漫长较量，红方稍好。

（2）**前炮平九**　车1平2　　（3）**车八进九**　马1退2

（4）**炮九平三**　车7退1　　（5）**炮三进三**　马7进6

（6）**车二进九**　马2进3

这几步，红方前方的中炮左右翻打，通过不间断骚扰黑方，从而间接地解决了己方三路弱马的问题。至此黑方如车7进2，炮三平六，士5退6，炮六平八，象3进1，炮八平四，红方底炮"翻江倒海"势不可挡。

（7）**炮三平六** 士5退6 （8）**炮六退七** 炮3退1

红方攻守兼备，六路炮适时回撤，调整阵形。白白吃去黑方士象，黑方局面艰难了。

（9）**炮五进五** 车7进2

黑方似不如象3进5，相三进五，车7进1，暂且压住红方三路马为好。

（10）**相三进五** 车7退1 （11）**炮五平一** 车7平5
（12）**仕六进五** 马3进5 （13）**炮一进二** 将5进1
（14）**车二平四** 马6进4 （15）**炮一平七** 炮3平8

红方一不做二不休，利用车炮尽毁黑方士象。这种棋黑方如果没有特别的攻势，将来无论进攻还是防守，都是非常困难的。

（16）**车四平二** 炮8平5 （17）**车二退一** 将5退1
（18）**马九进七** 马4进2 （19）**帅五平六** 车5平4
（20）**车二退二** 马5进7 （21）**炮六退一** 卒3进1

红方退炮细腻，为胜利做好了准备。

（22）**车二平三** 马7进6 （23）**仕五进六** 车4平5

眼看黑方企图冲三卒渡河，似还有纠缠。红方弃仕打车精彩之步！黑方如车4进1，车三平五，将5平6，车五平四，将6平5，车四退三，红方仍然多子胜势。

（24）**马七进六** 马2退4

黑方如车5进1，车三平五，将5平6，马六进五，将6进1，马五进六，红胜。

（25）**炮六进三**

黑方认输。

例2 如图1-6，是2016年全国团体赛王兴业对金波的中局，实战中黑方瞅准时机炮击底仕，尽毁红方防线，一举占优。

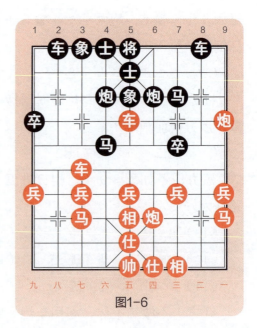

图1-6

（1）………… 炮6进7
（2）车五平六 炮6退1
（3）炮一退二 马4进6

红方如车六退一，马7进9亦是黑方主动。

（4）车七平八

红方如帅五平四，马6进7，帅四平五（如帅四进一，车8进8，马一退三，车8平7，帅四退一，车7平5，黑胜），黑方抢一先，红方无趣。

（4）………… 车2进5　　（5）炮一平八 车8进7
（6）兵五进一 马6进5　　（7）车六退四 马7进6

黑方跳内肋马紧凑，如马5退6，炮四进一，红方有望透松局势。

（8）兵五进一 马6进7

红方如车六平五，马6进4，车五进一，马4进3，黑方优势。

（9）炮八退一 卒7进1　　（10）炮八平三 卒7进1
（11）车六平五 卒7平6　　（12）兵七进一 车8平7

红方如炮四平三，炮6平9，红方仍难走。

（13）马七进六 象5退7　　（14）帅五平四 卒6进1
（15）车五平四 炮4平6　　（16）帅四平五 车7进2
（17）仕五退四 前炮平9　　（18）兵七进一 车7退4

（19）马六进七　炮9进1　　（20）帅五进一　车7平5
（21）帅五平六　车5平3　　（22）仕四进五　车3退1
（23）车四进四　炮9退1　　（24）仕五进四　炮6平2
（25）马一进三　炮2进7　　（26）兵五平六　车3进2
（27）马三退五　车3平5　　（28）马七退六　炮2退8
（29）帅六平五　炮9退1　　（30）兵六进一　炮9平5
（31）马六退五　炮2进2　　（32）车四退一　炮2退1
（33）车四平六　炮2平8　　（34）兵一进一　炮8进5
（35）车六退三

黑方得势以后，车双炮左右扫荡，红方虽尽力坚守，无奈仕相残缺，捉襟见肘。至此黑方可退士露将捉死红马，胜局可定。红方遂主动认输。

四、双炮一条绳

指两个炮在一条直线上，相互相联。防守时可成"担子炮"的形状，进攻时可及时前压，封锁对方大子的出动路线。

例1　如图1-7，选自全国冠军郑惟桐的实战中局，轮到黑方行棋。

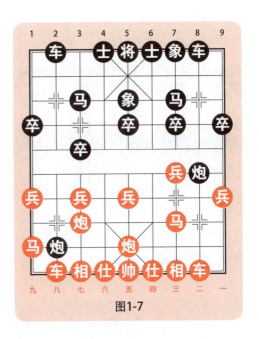

图1-7

（1）…………　炮8进3

进炮成"担子炮"，继续

压缩红方空间。

（2）兵七进一　马3进4　　（3）兵七进一　马4进3

黑方强行进马立意进取，稳健的下法是象5进3去兵。

（4）马三进四　车2进5

红方进马河口急于反击，使局面落入下风。可考虑炮五平四先稳住，再徐图进取为好。黑方骑河车捉红马，找到了打击目标。

（5）炮五平七　马3进1

红方考虑再三，不得已选择平炮打马。这里红马虽有多个点可走，但变化均不理想。试举一例：马四进五，马3进1！马五进三？马1进3，炮五平六，炮2平4！黑方胜势。

（6）马四退六　马1进3　　（7）马六退七　车2平3

（8）马七进五　炮2平4　　（9）仕六进五　炮4退2

（10）仕五退六　车3退1　　（11）车八进三　炮4平9

红方升车捉炮使局面恶化，耐心些可走兵一进一。

（12）兵五进一　炮9进2　　（13）马五进七　车3平8

（14）马七进八　炮9平1

红方不如兵三进一，黑方如卒7进1，马七进六，接下来伏有马六进四，红方还有希望把水搅浑。

（15）炮七进五　象5退3

（16）马八进六　后车进1　　（17）炮七退五　前车平3

（18）炮七平五　车3进5　　（19）兵五进一　士6进5

（20）兵五进一　炮1进1　　（21）兵五平四　象7进5

（22）兵四进一　炮8平2

黑方得子之后，不是一味防守，而是取势为上。平炮弃车妙手，抢先杀敌。

（23）车八退二　车8进8

（24）兵四平三　车3退6

以下红方只能车八退一，车3平4，车八平九，车8平7，转换之后，黑方物质基础雄厚，红方遂推枰认输。

例2 如图1-8，红先。本局出自实战中局。

（1）车八进四　士6进5

红方进车贴炮抓住了黑方阵形上的缺陷，准备炮三平七组织攻势。

（2）炮五平九　车5平6

黑方平车似不如走卒1进1，炮九进三，象3进1，车八平九，仍然是红方占优，但黑方要好于实战。

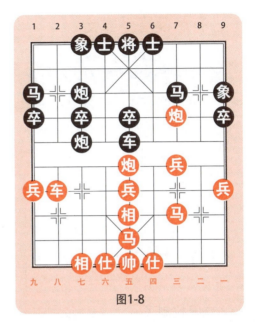

图1-8

（3）炮三平七　后炮平4　　（4）炮九平七　马7进8

红方双炮摆成一线，瞄住黑方3路做文章，攻势凶猛。黑方跳外马固然于事无补，但如象9退7亦难逃被动。红方可前炮进二，炮4平6，炮七平六，炮3平5，车八平七，炮5平3，兵三进一！车6平7，马三进四，车7平6，马四退六，红方胜势。

（5）前炮平八　炮3平2

红方开炮叫杀正着，如误走车八平九？则炮3进5（象3进1，炮七进三，象1退3，炮七进五，红胜）相五退七，象3进1，红丢车。

（6）车八平七　将5平6　　（7）炮七进五　将6进1

（8）炮八进二　将6进1　　（9）炮八退一　将6退1

（10）炮八平六　士5进4　　（11）车七平九　马8进9

（12）车九进一　士4退5　　（13）炮七退一　将6退1
（14）车九退一　炮2平3　　（15）车九平二（红胜）

五、有炮需留他家士

在残局阶段由于子力相对较少，炮可以利用的炮架不多，所以可留下对方的士为己方所用。

例1 如图1-9也是出自实战，轮黑方先走。

图1-9

（1）………　马6进5

黑方入马中路扑将，已算准有棋。否则就要走马6进7先行控制了。

（2）仕六进五　马5退3

红方如仕六退五，马5退3，仕五退四，马3进4，马四退六，马4退6，红方丢炮。黑方退马至红相肩是出棋的关键点，如马5进3，仕五退六，黑方反而乏味。

（3）帅五平六　马3进1！　　（4）炮四退二　马1进3

红方如炮四平五，马1进2，帅六进一（如帅六平五，马2退4，帅五平六，卒6平5，黑胜势），将5平6，黑方下一步炮5平1，红方难应付。

（5）帅六进一　炮5平4　　（6）马四进六　马3退2

吃死红马，黑方胜定。

例2 如图 1-10 是一个精巧排局，按说红方无仕较难取胜。但本局红方可借用对方双士为炮架，巧施停，困，等着法，形成巧胜。

图1-10

（1）**兵六平七** 将 5 平 6

红方兵往外走，可谓反其道而行之，却是取胜的关键着法。黑方还有两种下法，但都难逃一败。一是将 5 退 1，帅五平四，士 4 退 5（如士 6 退 5，帅四进一，黑方欠行，红胜），炮五进一，将 5 平 6，帅四退一，士 5 进 4（将 6 进 1，炮五平四，红胜），兵七平六，将 6 进 1（士 4 退 5，炮五平四，红胜），兵六平五，士 4 退 5，炮五平四，红胜。二是将 5 平 4，帅五平六，士 6 退 5，炮五进一，士 5 退 6，帅六退一，士 6 进 5，炮五平六，红胜。

（2）**帅五平四** 士 4 退 5　　（3）**炮五进一** 将 6 退 1

（4）**帅四退一** 士 5 进 4

黑方如将 6 平 5，帅四平五，将 5 平 6，炮五平四，将 6 平 5，相五进七，红胜。

（5）**兵七平六** 将 6 进 1

黑方如士 4 退 5，炮五平四，红胜。

（6）**兵六平五** 士 4 退 5　　（7）**炮五平四**（红胜）

六、残局炮回家

"炮"在残局当中,一般都是撤回己方的下三路,这样可以寻找炮架,更利于进攻和防守。

例1 如图1-11,红先,红方车炮都处于良好的位置,尤其是炮撤回底线,攻守两利。

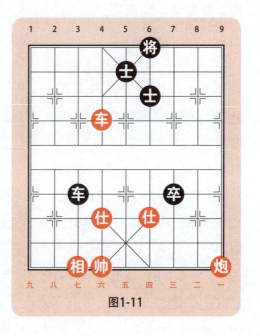

图1-11

(1)车六平二　卒7进1
(2)仕四退五　卒7进1
(3)车二平三　车3平9
(4)炮一平五　卒7平6

黑方平卒造成丢士,不如车9进2。

(5)车三平四　卒6平7
(6)炮五进八　车9平3
(7)相七进九　车3退4　（8)炮五退六　将6平5

红炮再次回家,伺机寻求机会,是正确的选择。

(9)车四平五　将5平4　(10)车五平六　将4平5
(11)仕五退四　卒7平6　(12)仕六退五　车3进5
(13)车六平五　士6退5　(14)相九进七　车3进2
(15)帅六进一　车3退1　(16)帅六退一　卒6平5
(17)仕四进五　车3平5

黑方无奈卒换双仕,但也无力回天。

(18)车五退二

红方退车停一手,黑方自动认输。以下黑方只能将5平6,车五进四,车5平3,帅六平五,车3退3,炮五平一,红方形成典型的"海底捞月"必胜残局。

例2 如图1-12是2016年全国团体赛赵殿宇对刘智的实战,轮红方先行。

(1)炮五平二

如图,红炮平二,准备炮退底线。符合残局炮回家的棋谚理论。

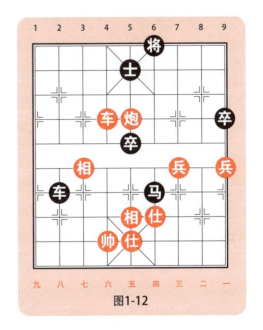

图1-12

(1)……   卒5进1
(2)炮二退六   将6平5
(3)帅六退一   卒5进1
(4)帅六平五   马6退5
(5)车六平一

红方炮退底线,再调整帅位,不给黑方以可乘之机,至此再顺手扫卒,建立起雄厚的子力优势。

(5)……   马5进4   (6)相五退七   卒5平6
(7)车一平四   卒6平7   (8)仕五进六   卒7进1
(9)仕四退五   马4退5   (10)相七退五   马5进6
(11)炮二进五   卒7进1   (12)车四退二   车2平4
(13)炮二平三   将5平4   (14)兵一进一   卒7平8
(15)炮三平九   车4平1   (16)炮九平四   马6进7
(17)帅五平六   马7退8

红方后防调整得固若金汤,现在平车叫将,奏响进攻序曲。

（18）车四平六　将4平5　　（19）兵一平二　卒8平7
（20）兵三进一　卒7平6　　（21）炮四进一　车1退2
（22）车六退一　马8进7　　（23）炮四平三

红方攻而不打，意在与黑方简化子力。至此黑马势必将被交换，黑方仅余单士，难以防守。遂主动认输。

七、炮进冷巷，难兴风浪

指炮在攻击对方时，进入比较狭窄的地域，得不到其他子力有力的支援，而难有所作为。

例1 如图1-13，选自2017年象棋甲级联赛预选赛的对局，由黑方先行。

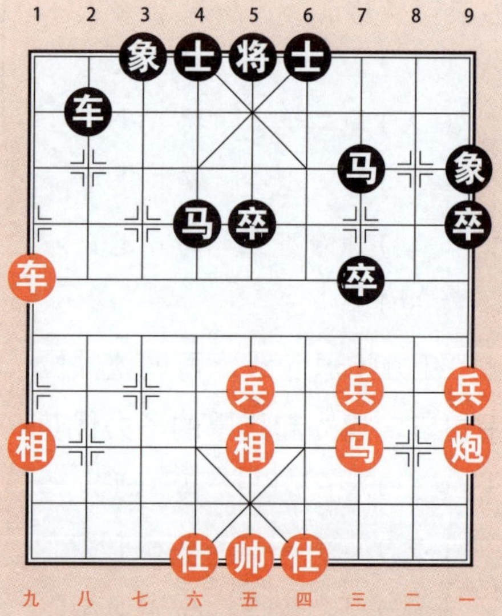

（1）……………… 车2平8

现在形势，红方虽然兵种有利，但马炮位置不佳，黑方及时抓住这一弱点，平车8路线准备捉双。

（2）马三退五　车8进5
（3）车九平六　马4退5
（4）相九退七　车8平9
（5）相五退三

图1-13

红方落相看炮有随手之嫌，过于看重红炮对黑方边象的牵制。应炮一平四，车9平7，马五进七，红方虽然少兵，但阵形齐整，尚无大碍。黑车大胆吃兵主动弃象，同时也给红方设下圈套。

（5）………… 车9平7
（6）炮一进五　马5进6

红炮打象也是箭在弦上不得不发，否则刚才所走的几着棋便都无意义了。

（7）相七进五　士6进5

红方改走车六进二好些，以下马7进8，车六平四，卒7进1，马五进七，士6进5，车四进一，卒7平6，黑方好下，但红方强于实战。黑方补士为"圈死"红炮做准备。

（8）马五进七　马6退7

红方如炮一进二，象3进5，马五进七，马6退7，红方依然要丢炮。黑方退马踩炮，红炮失矣。

（9）炮一平二　车7平8　　（10）车六平三　车8退4
（11）车三进一　卒9进1　　（12）马七进六　后马进5
（13）车三退二　车8平9

至此黑方净多一子并最终获胜。

例2 如图1-14，红先，红方抓住黑方车晚出及黑方孤炮打象难以为继的弱点，决定抢先进车发起强攻。

（1）车四进七　车1进3
（2）炮八退二　马8进7

红方如炮八平三打卒，卒5进1，炮五进三，士4进5，车四平三，象7进9，相七进五，炮2退1，车三平二，车1平7，车二进一，

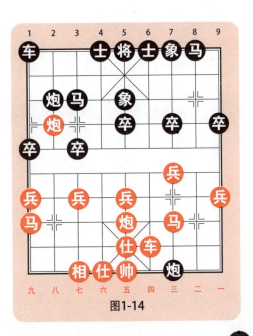

图1-14

炮7平9，黑方满意。

（3）车四平八　车1退1

黑方如马3进4，车八平六，马4退6，炮八进五，士4进5，车六平八，黑方有顾虑。

（4）马三进四　士4进5　　（5）炮八进二　马3退4

（6）车八进一　炮2平3

黑方平炮造成局面开始被动，应炮2退1，马四进六，车1进1，炮八进一，车1平4，黑方无碍。

（7）马四进六　炮3退1　　（8）炮八进一　士5进4

红方进炮击马，揪住黑方阵形缺陷不放。

（9）炮五平六　炮3平2

红方平炮打士再出狠手，黑方如士6进5，马六进五，车1进1，车八平七，炮3平2，马五进三，炮2平7，炮八进二，士5退6，车七平六，将5进1，炮六平二，红方也是优势。

（10）马六进四　士6进5　　（11）炮六进七　车1平2

（12）炮六平三　士5退4　　（13）马四进三　将5平6

（14）炮三退二　将6进1　　（15）炮三平二

至此红方得子胜势，黑方主动认输。

第二章 车类实战技巧

一、一车十子寒

车在象棋中战斗力排名第一,尤其在有车对无车的局面中,车往往可使对方各子疲于应付,难以自保,从而失去联络,相形见绌。

例1 如图2-1是一次北京市比赛中于川执红对阵殷广顺弈至36回合的局面。红方进入多子残局,实战中,红方充分发挥车的威力,一举夺取了胜利。

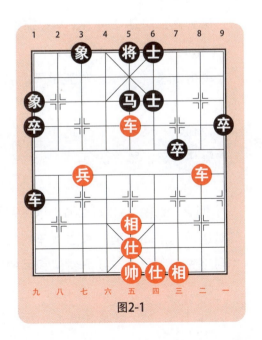

图2-1

（1）车二平六　车1平2

红方平车肋道,准备车六进四捉死马。

（2）车六进一　车2退4

（3）兵七进一　士6退5

黑方留下红兵，后患无穷。还是该考虑象1进3去兵，尽管这样也较难获得和局。

（4）兵七平八　　卒9进1　　（5）车六平三　　卒9进1
（6）兵八进一　　车2平4　　（7）车三退一　　卒1进1
（8）车三平一　　士5退4　　（9）车五退一　　士4进5
（10）车五平九　　车4平3

短短几个回合，红方尽数扫光黑卒，形成双车高兵对车马士象全的必胜残棋。

（11）兵八平九　　车3平4　　（12）车九退二　　车4平2

红方也可直接车一平九。

（13）车一平九　　马5退3　　（14）前车平五　　马3进5
（15）车五进二　　车2平3　　（16）车九平五　　马5退7

红方准备兵九进一，车5平3，后车平七，车1退2，车七进四，红方胜势。

（17）前车平八　　马7退9？

黑方还是应马7进5，不致速败。

（18）兵九进一　　象3进1　　（19）车八进三　　车3退2

黑方如象1退3，车五进一，红方下一手车五平七兑车亦是必胜。

（20）车八退二　　象1进3　　（21）车八平三

黑马丢定，黑方认负。

例2　如图2-2是2014年"碧桂园"杯全国冠军邀请赛李来群对谢靖的中局形势。黑方有车对红方无车，占有一定的优势。黑方利用先行之利，在红方看似稳固的防线上找到了空隙。

（1）…………　　象3退1

黑方退象机灵,准备把车炮调往同一侧。

(2)炮六进二　炮6平3

红方进炮似嫌随手,对黑方的攻击手段估计不足,不如相七进五先补一手好。黑方平炮吃象抓住了红方子力之间的问题,红方开始有麻烦了。

(3)相三进五　车6平3
(4)炮六平一　炮3进5
(5)马五退七　车3进3

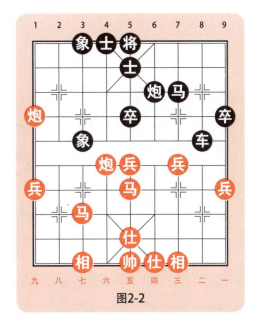

图2-2

黑方平车后,红方已难有万全之策了,索性弃子谋和。黑方此时切不可马7进9换炮,否则成车卒难胜单炮仕相全。

(6)炮一退一　车3退4　　(7)炮九退二　车3进1
(8)兵一进一　马7进9　　(9)相七进九　马9退8
(10)相九进七　马8进6　　(11)炮一进一　车3平2
(12)炮一平四　车2平6　　(13)炮四平一　车6进2

黑车左右逢源,好似轻描淡写间,已进驻红方兵林线。准备伺机吃掉红方中兵,开启胜利之门了。

(14)炮九进一　车6平5　　(15)炮九平二　车5退1

红方可能有些失去耐心了,不如炮九退一,车5平1,炮九平八,车1平2,炮八平九,可保暂时无碍。

(16)兵九进一　车5进1　　(17)炮二进四　士5进6
(18)兵一进一　马6进5　　(19)兵三进一　马5进4

至此黑方叫杀兼捉中相,红方难以兼顾,遂爽快认输。

二、得势宁可弃车

棋战当中，子与势是永恒的主题。很多时候，往往是势大于子。车在主力子当中价值是最高的，但为了最大限度的争取胜利，主动弃车常常是不可避免的。

图2-3

例1 如图2-3，红方先行。观枰可知，双方似乎互相纠缠，但由于黑方中路差补一手士，红方抓住机会，大胆弃车，夺取了胜利。

（1）马七进五！车3退3

红方马踩中象，刻不容缓，是入局的关键着法。

（2）炮五进四 车1平5

红马吃象后，就可炮击中卒，形成车马炮的立体攻势。黑方垫花心车既是无奈之举，也是早有盘算的应法。如士4进5（如士6进5，马五进七，红胜），马五进七，将5平4，车四平七，红方大占优势，形成一边倒的局面，这是黑方不愿接受。

（3）仕四进五！车3平5

红方支仕，精妙绝伦，也是黑方没有计算到的。此步红方如误走马五进七？车5平3，车四平五，车3平5，车五平七，车5进2，红方丢子败定。

（4）帅五平四 车5进1 （5）车四进二（红胜）

例2 如图2-4黑先,这是2013年全国女子甲级联赛张国凤对唐丹弈至20回合的形势。目前黑方获得多三卒的子力优势,而且子力还占位颇佳。红方对黑方最大的威胁就是马八退六吃双车。实战中,黑方并没有简单地逃车,而是取势为上。

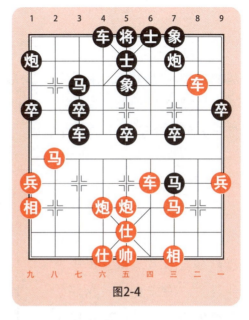

图2-4

(1)………… 炮1平2
(2)帅五平四 卒5进1

黑方平炮积极,红方出帅先避一手。如马八退六,炮2进8,相九退七,车3进5,黑方先手叫杀,红方败势。黑方再冲中卒,对红方吃双车仍熟视无睹,下得可谓霸气十足。

(3)马八退六 车4进6 (4)车四平六 炮2进8
(5)相九退七 车3进5

红方如帅四进一,黑方可马7进5吃炮。

(6)车六平八 车3平4 (7)帅四进一 车4平7
(8)车八平四 卒5平6 (9)车四平五 炮2退1
(10)仕五退六 车7退1 (11)帅四退一 车7进1
(12)帅四进一 车7平4 (13)车二平三 车4退1
(14)帅四退一 车4退1 (15)车五平三 车4平5
(16)前车进一 卒7进1 (17)后车平七 车5平7

这一段黑方成竹在胸,尽毁红方仕相,并成功吃回弃子。至此红方子力亏损太多,黑方最终获胜,下略。

三、输棋只因出车迟

车乃三军主力,尤其在开局时要尽快投入战斗,才有利于对局势的掌控。"输棋只因出车迟"一般多指开局至中局阶段,某方由于车出动缓慢,造成子力前后脱节、难以为继、寡不敌众等现象,使己方形势处于十分不利的境地。

例1 如图2-5是2013年象棋甲级联赛第一轮郝继超执红对赵玮战至11回合的盘面。实战中,黑方牢牢抓住红方左车晚出的"命门",利用先行之利,一举获取了优势。

(1)………… 车2进4

黑方升车巡河是类似局面下常用的手段。黑方如车8进8,马三退二,红方以后有马二进一捉炮,红方局势轻松不少。

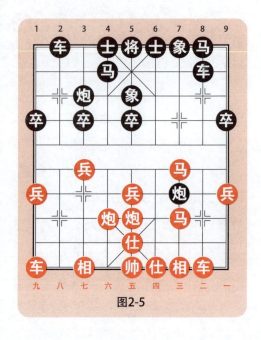

图2-5

(2)相三进一 车8进8　　(3)马三退二 马8进7
(4)炮五平三 马7进8　　(5)马二进四 炮7平8
(6)相七进五 马4进6　　(7)相一退三 马6进5
(8)马三进五 卒5进1

红方虽尽力调整,但黑方顺势而为,各子逐步推进。红方左车仍不得出路,形势愈发艰难了。

(9)炮三平一 马8进6　　(10)马四进二 象5退3

黑方退象好棋，以后3路炮伺机平中，即可完全控制棋局。

（11）兵一进一　炮3平5　　（12）炮一进一　马6退8

（13）炮六进一　马8进9　　（14）炮六平二　卒5进1！

（15）兵七进一　车2平3

面对黑方弃中卒的策略，红方反弃七兵，在劣势下亦可谓顽强。如兵五进一吃卒，黑方车2平8，红方失子。

（16）兵五进一　车3进2

黑方进车捉炮，取势为上，弈来更为稳妥。如车3平8，炮二平七，车8进3，炮七进六，士4进5，车九平八，红方还能形成牵制。

（17）炮二进三　车3平8　　（18）炮二平五　炮5进3

（19）马二退四　车8平6　　（20）马四进五　马9进7

红方入中马造成丢子，但如马四进二，车6进1，马二退一，车6退4，炮五退一，车6进1，炮五进一，马9退7，车九进一，车6平4，黑方胜势。

（21）车九平六　马7退5

红方车终于得出，但已丢大子，可谓大势已去了！

（22）车六进四　车6退1

黑方有此一巧手，可确保大子不失。

（23）车六退一　马5进7

红方退车无奈，不可炮五退三，否则黑方有炮5进2抽车。

（24）帅五平六　炮5平4　　（25）车六平三　车6平5

（26）炮五平九　马7退5　　（27）车三进六　马5进3

至此，红方认输。

例2　如图2-6是2013年全国个人赛尉强对申鹏弈至第10回合的形势，轮黑方行棋。盘面上红方虽过河一兵，但双车未动，弱点明显。黑方抓紧战机,调动子力,掌控了局面。

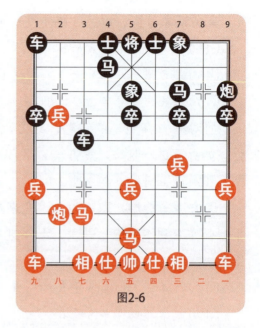

图2-6

（1）……   卒7进1
（2）兵三进一 车3平7
（3）马七进六 车1平3
（4）炮八平四 车3进6
（5）相三进五 车3平5

黑方兑卒活马，又开出象位车，进车兵线，消灭掉红方中兵，运子流畅自然，黑势见长。此回合红方如马五进七保中兵，黑方车7平4，马六退五，车3平2，黑方优势。

（6）马五进七 车5平3   （7）车九平八 马7进6
（8）车八进三 车3平2

前一回合黑方主动兑马，简单明了。红方进车邀兑黑车，可谓煞费苦心，如马六进四，车7平6，也是黑方占优。

（9）马六退八 马6进7   （10）仕四进五 马7退5
（11）马八进六 马5进6

红方任由黑马换掉红炮，造成己方兵种不全，也是无奈之举。如炮四平二，马5进3，红方也艰难。

（12）仕五进四 卒5进1   （13）马六进七 马4进6
（14）仕四退五 士6进5   （15）车一平四 卒5进1
（16）车四进六 车7平8

黑方平一步车，颇显功力。红方右翼底线危机重重！

（17）兵八平九 车8进5   （18）仕五退四 炮9进4
（19）前马退五 马6进8   （20）车四平三 炮9进3

（21）马七退五　马8进9　（22）后马退三　马9退7
（23）马五退七　士5进6　（24）仕六进五　士4进5
（25）前兵平八　卒9进1　（26）兵八平七　马7进6
（27）车三退三　车8退3　（28）车三平二　马6进7
（29）帅五平六　马7退8　（30）帅六进一　马8进7

红方防守亦是顽强之极，但无奈前边亏损较多，至此虽是兑掉车，但红方三路马位置太差，守和仍是无望。最终黑方获胜，以下着法从略。

四、车不落险地

车乃军中主力，车的安危往往决定着全盘的胜负。所以对于车的占位，对弈者需慎之又慎，把车尽量安置在相对安全的地方。

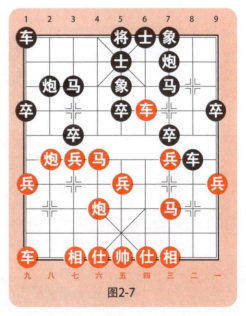

图2-7

例1　如图2-7是由中炮盘河马对屏风马的流行布局演变而来的，轮黑方行棋。

（1）…………　车8平7？

红方上一步弃三兵造成马捉车，已有围困黑车之意。黑方平车吃兵，造成"车毁人亡"。正确的下法应该是车8退1，退离险地。以下兵七进一，象5进3，炮八平七，马3进4，炮六进三，卒7进1，炮六进三！炮7平4，炮八平三，车8平7，相七进五，炮2进1，车四退二，炮2进2，马六进五，马7进5，车四平八，象3退5，形成基本均势的经典和棋谱。

（2）相七进五　车7进1　　（3）炮八退一　卒7进1

黑车已无处可逃，黑方过卒力争把局势搞乱，争取浑水摸鱼。

（4）兵七进一　象5进3　　（5）炮八平三　卒7进1
（6）车九平八　炮2退1　　（7）马三退五　马3退4
（8）车八进七　马4进5　　（9）马五进七

红方多子占优。

例2 如图2-8是2011年全国智力运动会象棋比赛中赵鑫鑫对赵国荣下出的盘面。它的开局是这样形成的。

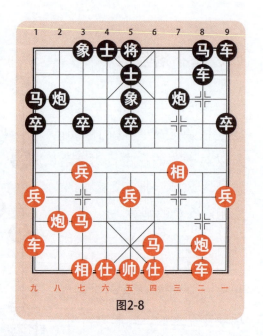

图2-8

（1）相三进五　卒7进1
（2）兵七进一　马2进1
（3）马八进七　象7进5
（4）车九进一　车1进1
（5）马二进四　车1平6
（6）车一平三　士6进5
（7）兵三进一　炮8平7
（8）炮二退一　车6平8

红方以飞相开局，黑方应以顺手象。红方此步退炮颇为灵巧，准备马四进二，把受威胁的拐角马跳至二路，封锁黑方8路线。黑方见招拆招，遂把6路车再平至8路捉炮，破坏红方的计划。

（9）车三平二　卒7进1　　（10）相五进三

如图形势，棋局进行得四平八稳。黑方可考虑车8进3，双方战线漫长。不料黑方突然出现思维盲点，走出昏着。

（10）………… 车8进4？？ （11）马四进二

红方一手跳马打车，令黑车无处可逃，也使本局戛然而止。观来使人颇为惊异，可谓是顶尖高手的低级失误了。

五、车结霸王，铁壁铜墙

一般指双车联手与对方邀兑车，在攻守两端都是十分稳固，牢靠的。

例1 如图2-9是2016年全国团体赛中，两位当今象坛的顶尖高手的一盘巅峰对决。赵鑫鑫执红对阵郑惟桐的中局形势，目前红方占优，但黑方防守严密，子位工整。红方经过深思，找到了联车抢占卒林的下法，使优势得以扩大。

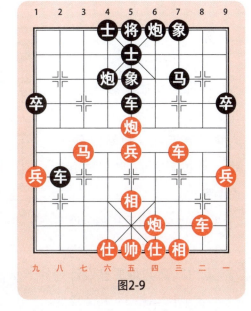

图2-9

（1）车二平三　车5平6
（2）前车进二　车6进2

黑方只好躲车避兑，如车6平7，车三进五，黑方更难下。

（3）炮四平七　炮6进3

黑方不能车6平5吃中兵，否则红方有马七退六踩双车兼炮七进八叫杀的手段。

（4）马七进八　炮4平3　（5）马八进六　将5平6
（6）前车进一　车2平6

至此红方白吃黑马，以下黑方不能士5进4吃炮，红方有前车平四的杀棋。

（7）前车进二　将6进1

红方进车砍象，干净利落。红方胜定。

（8）前车平二　前车进3　　（9）帅五进一　炮6平8

（10）车三进七（红胜）

例2 如图2-10是2016年全国象棋甲级联赛蒋川对郭凤达实战盘面。

（1）………… 象5进7

面对全国冠军级棋手的凶猛进击，年轻的小将郭凤达并没有慌乱。果断以象去兵，通过弃子，双车联手，求得和局。

图2-10

（2）炮七平五　象7退5

（3）马四进三　马2进4

黑方跃马弃炮是已设计好的下法，算准可求得和棋。

（4）车二进一　马4退5　　（5）马三退五　车6平5

（6）车二进二　士5退6　　（7）马五进三　士4进5

（8）车九进一　车4平1　　（9）车九平二　车5平6

黑方利用"霸王车"之利，连续扫兵兼兑车。红方虽多一子，却也无奈。此步黑车平6精细，如随手车5平7，红方可马三进五，将5进1，车二进七，将5退1，后车平四，红胜。

（10）相五进七　车6退4　　（11）马三退一　车1平6

（12）仕六进五	前车退3	（13）马一退二	前车进2
（14）相七退五	后车进1	（15）马二退三	前车进1
（16）马三进二	前车退1	（17）马二退一	前车进1
（18）后车进三	后车进2	（19）后车进四	后车退4
（20）后车退六	后车进4	（21）相五退七	前车平9
（22）后车平六	车6进1	（23）车二退三	车6平4
（24）车六平九	车9进1		

黑方见时机已成熟，以车砍马，形成单车士象全对双车的和棋之势。

（25）相三进一	车4退4	（26）车九进四	将5平4
（27）车二平五	将4平5		

双方议和。

六、低头车，阵式虚

是指车在对弈当中所处的位置不好，居于暗处，于攻于守均不利，容易被对方利用。

例1 如图2-11为2016年全国象棋团体赛赵玮对阵许国义的残局，上一步红方退车己方下二路，准备车二平五兑车求和。黑方利用红车低头之机，巧施牵制获得了胜利。

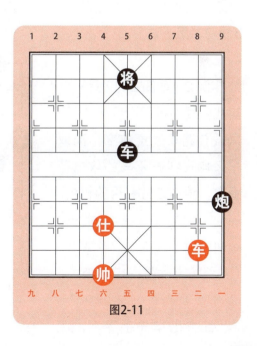

图2-11

（1）………… 炮9平4

黑方平炮将军使红方无法兑车，当走之着。

（2）仕六退五　炮4退5

黑方退炮贴将使红子无好点可走，精巧！

（3）车二平三　车5平3

红方平车闲走一步也是没有办法，如帅六平五，炮4进8，车二进八，将5退1，红方中仕丢失，成必输残局。

（4）车三平二　炮4平1　（5）车二平三　炮1进7

黑方探炮打车，使红方无法坚守，造成以后单仕必丢。

（6）车三进七　将5退1　（7）车三进一　将5进1

（8）仕五进六　车3平4　（9）车三退一　将5退1

（10）帅六进一　炮1退8

黑方退炮底线后，红方就主动认输了。以下红方如车三退二，车4平5（紧要的一步，如炮3平4，车三平五，将5平6，帅六平五，红方抢占中路，和局）帅六退一，炮3平4，车三平六，车5进3，黑胜。

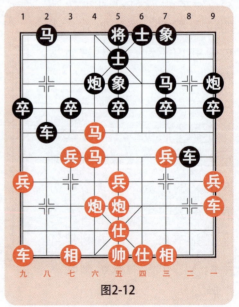

图2-12

例2 如图2-12是一个实战中局的拆解，红方先行。黑方8路车位置狭窄，而双车又均在红方双马的攻击范围内，给了红方利用的机会。

（1）兵七进一　车2平3

红方弃兵是必走之着。

（2）车九平八　马2进4

红方出车先手捉马，优

势扩大。

（3）前马进四　炮4进5　　（4）炮五进四　马7进5

红方中炮打卒是妙手！如仕五进六，车8退4，黑方尚可坚守。黑方如炮4退1，马四进三，将5平4，炮五平九，车3平1，车一平六，车1退1，车六进一，红方胜势。

（5）马六进五　车3进3

黑方进车保炮也是不得已，如炮4退4，马四进三，将5平4，车一平六，马4进2，马三退一，红方大优。

（6）马五退六　炮4进2　　（7）帅五平六　车3平9

（8）相三进一　炮9平6

黑方如车8退4，马六进七，车8平6，马四退五，车6进3，马七进六，车6平4，帅六平五，车4退3，车八进九，车4退1，车八退三，红方优势。

（9）车八进八　炮6退1　　（10）马六进七　士5进4

（11）车八退二　士6进5

红方退车正确，如车八平六贪吃马，黑方士6进5打死车，红方反而吃亏。

（12）车八平九

至此红方多兵且车双马位置较好，优势明显。

七、车正永无沉底月

指车帅对车单炮将的残棋中，在红帅居中而红车也占中的情况下，只要防守的走法正确，黑方是没有办法利用海底捞月取胜的。

例1　如图2-13，由于红方车帅居中，可控制中路，便可采用典型的"海底捞月"杀法获胜。

（1）**炮二退二**　车4进1

红方退炮之后形成车炮一条线，是取胜的关键步骤，如炮二进一，车4退1，炮二退一，车4进1，由于黑车不敢吃红炮，所以黑车不是吃炮，而是拦炮。双方不变判和。

（2）**车五进五**　将4进1

（3）**炮二平八**　车4平2

（4）**炮八平七**　车2平3

（5）**炮七平八**　车3平2

（6）**炮八平七**　车2平4

图2-13

由于现在黑车可吃红炮，故这样走下去是长捉，黑方只好变着。

（7）**炮七进五**　车4进5　　（8）**帅五进一**　车4平8

黑方此步算是顽强的下法，如走车4退3，炮七平六，车4平3，车五退三，车3退4，车五平六，车3平4，炮六退二，红胜。或走车4平3，炮七平六，车3退6，车五退三，仍为红胜。

（9）**车五退三**　车8退7

红方退车正确，如炮七平六，车8退8，黑方还可守。

（10）**炮七平六！**（红方胜定）

例2　如图2-14黑方先行，由于黑方车将控制中路，走得正确的话是可以守和的。

（1）**……**　车5进3

黑车藏身于红方车炮身后是重要的，如随手将5进1闲着，炮六平五，将5平4，炮五退四，红方重夺中路可获胜。

（2）炮六平五　将5进1

（3）帅四进一　将5退1

黑将在中路走闲着即可成和，这即是"车正永无沉底月"。但如误走将5平4？则车四进四，将4退1，车四平五！车5进1，炮五退一，车5进2，炮五退二，车5平4，炮五退一，车4退1，帅四进一，车4退2，帅四平五，占住中路，红方又可胜了。

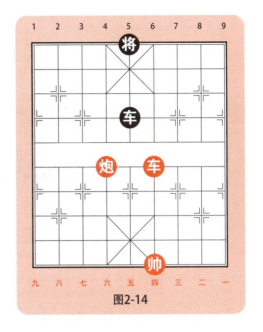

图2-14

（4）炮五平七　将5进1　　（5）炮七进五　车5退2

（6）车四进四　将5退1　　（7）车四进一　将5进1

（8）炮七平五　车5平3

红方仍无法取胜，和棋。

第三章 马类实战技巧

一、马逢边要亡

马在边线活动空间变窄,遇到对方攻击叫吃,相对比较危险。

如图3-1。

(1)…… 车2进2

黑方进车诱红车离开要道。

(2)车六平四 士5进4
(3)相五退七 卒5进1

黑方见时机成熟,弃卒开始发动攻击。

(4)兵五进一 车2退1

黑方退车围剿红马。

(5)兵五进一 炮1平5
(6)帅五平四 炮5进1

至此,红马已丢,黑方胜定。

图3-1

（7）马三退一　车2平1　　（8）马一进二　马7退8
（9）车四进三　马8退7　　（10）车四进二　将5进1
（11）马二退四　炮5平6　　（12）帅四平五　炮6退3
（13）相三退五　将5平4　　（14）马四进三　车1退2
（15）车四退一　士4进5　　（16）车四平三　车1平5
（17）兵一进一　炮6平9　　（18）马三退二　车5平8
（19）马二进三　车8进6　　（20）仕五退四　炮9进3
（21）车三退二　卒9进1（黑胜）

例2 如图3-2。

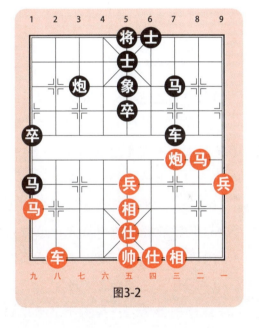

图3-2

（1）马九进七
红方边马顺势跃出。
（1）……　马7进8
（2）车八进三　卒1进1
（3）兵五进一
红方打卒谋马。
（3）……　车7平3
（4）车八进六　炮3退2
（5）马七进九　车3退2
（6）车八退六
红方进车将军、跳马、回车困马一气呵成。
（6）……　马8退6　　（7）炮三平四（黑方认负）

二、马有八面威风

马在棋战中往往起到很强的控制作用。尤其在马腿腾活之后，具有"恐怖"的进攻能力,正所谓"运马如龙"。

例1 如图3-3是2014年第6届"淮阴韩信"杯象棋国际名人赛黄学谦对许银川激战至第11回合的形势,该红方行棋。面对棋坛超一流的高手,年轻的黄学谦毫无惧色,敢打敢拼,意外地夺取了胜利!

图3-3

（1）兵五进一　卒5进1　　（2）马五进四　马7退8

红方采用典型的夹马炮攻法,送掉中兵,跃马河口,窥视黑方中象。黑方不得不退马防守。

（3）兵七进一　炮2退2　　（4）兵七进一　象5进3
（5）车三平七　象3退5　　（6）车六进四　车8进1

这几手,红方攻得甚紧,黑方只好准备弃子解围,但忽略了红方后面更为凶狠的下法,造成局面无法挽回。

（7）炮五进五!　士5退4

红炮击象精彩!黑方不敢象7进5,否则马四进五,士5进6（如士5进4,马五进三,黑也失车）,马五进七,将5进1,车六平五,红方胜势。

（8）炮五退一　马3进5

黑方如车8平5,炮八平五,黑方也不行。

（9）车六平八　士4进5　　（10）炮八平五　车8平6
（11）车七平五　车6进1　　（12）马三进五　车6进2

（13）**马五进六** 车1平4

红方一匹马刚被交换掉，另一匹马又呼啸而来，令黑方举步维艰。

（14）**车五退一** 车6平4　　（15）**仕四进五** 马8进7

（16）**车八进三**（黑方认输）

例2 如图3-4，这是2014年全国象棋甲级联赛赵殿宇对潘振波对弈至14回合的局面。枰上形势红方明显有利。实战中红方双马翻飞，逐步扩大优势，最终夺取了胜利。

（1）**马七进八** 车7进1

黑方抬一步车感觉有问题，不如改走炮2平3更好。

（2）**车六退三** 炮3平2

红方及时退车卡炮，扩大了先手。

（3）**炮八平七** 炮2进1　　（4）**车六平七** 马3退2

（5）**马八进六** 炮2平5

红马再度跃进，黑方形势告急！

（6）**相三进五** 炮2退2　　（7）**兵五进一** 卒5进1

（8）**马三进五** 马2进1

红方先送中兵，再跳出三路马，与六路马遥相呼应。大势已成，全面控制局势。

（9）**马六进八** 卒1进1　　（10）**车七进四** 车1平2

（11）马五进七　马1进2　　（12）炮七平八　车7平3
（13）车七进一　车2平3　　（14）马七进九

至此黑方丢子已成定局，遂欣然认负。

三、马不躁进

马在开局阶段，由于受蹩马腿的影响，活动相对较慢。活跃之后，也要注意和其他子力的配合，避免孤军深入，影响全局。

例1　如图3-5，这是由仙人指路对卒底炮的一个老式布局演化而来的，现轮到黑方行棋。

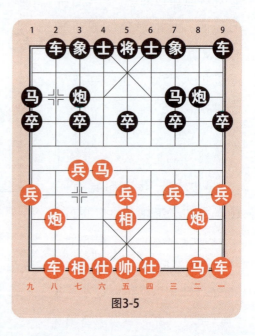

图3-5

（1）…………　车9进1

黑方起横车，看到了红方河口马的弱点，准备予以打击。现在黑方不可随手车2进4，否则将掉进著名的陷阱中。变化如下：兵七进一！车2平3，炮八进五，象7进5，马六进八，炮3平4，炮八进一，马1退3，马八进九，炮4平2，车八进七，马7退5，车八平七！红方胜势。

（2）炮二进四　卒7进1

红方如兵三进一，车9平4，炮二进二，卒7进1，黑方反先。

（3）马二进三　车9平4　　（4）马六进七　马1进3
（5）炮二平七　车4进2　　（6）炮七退一　象3进1

红方退炮造成丢子，但如炮七进一，黑方炮3进2亦是大占先手。

（7）车一平二　象1进3　　（8）兵七进一　车2进6
（9）车二进一　炮8进2　　（10）车二平四　炮3平2
（11）车四进六　马7进6　（12）兵三进一　象7进5
（13）车四退一　炮2进5　（14）兵三进一　马6进4
（15）仕四进五　炮8平3（黑方胜定）

例2　如图3-6是顺炮直车对缓开车演变而来，第5回合红方本可炮八进一或炮八进二，均属常见的变化。此手马跃河口嫌急，给了黑方机会。

（1）……………　车1平4

黑方平车捉马，红方由此丢失先手。

（2）炮八进二　卒3进1！

红方高炮保马，仍想保留河口马的阵地。但事与愿违，黑方有弃3卒的巧手。不如马六进七（当然不能车二进四，炮2进3，黑方得子），车4进6，炮八进三，双方乱战，红方还不乏机会。

（3）相七进九　卒3进1

红方如炮五平六，炮5平4！炮六进五（马六进七，炮4进7！黑方优势。又如马六进五，炮4平5，红方

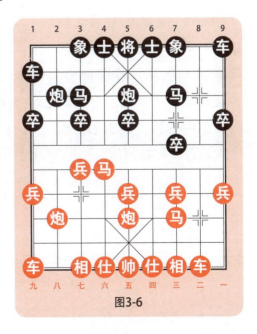

图3-6

失子），车4进1，黑方反先。

（4）相九进七　马3进4　　（5）炮五平六　车4平3！
（6）炮八退三　车3进4　　（7）炮八平六　马4进6
（8）马六退五　车3进3

黑方大占优势。

四、马退窝心，不死也昏

马在九宫花心点，一般称为"窝心马"。窝心马处理不好，尤其是被对方中炮镇住，造成多子难以动弹，累及全局被动，往往难以收拾。

例1　如图3-7是2014年"碧桂园"杯全国冠军赛郑惟桐对阵棋坛泰斗胡荣华激战至11回合的盘面，轮红方走棋。胡特大兵行险道，马退窝心相连，预谋反击，考验郑惟桐的功力。红方下得自信而凶悍，交出了一份令人满意的答卷。

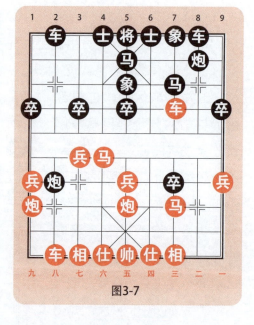

图3-7

（1）马六进四　炮8平7

红方进马叫吃，算准大转换后，己方可掌控局面。黑方平炮打车也是必走之着。

（2）马四进三　炮7进2　　（3）马三进二　卒7进1
（4）炮五进四　炮7进6

这一回合，双方各取所需。红炮打中卒，盯死黑方窝心马。黑方击掉红三路相，从红方底线进攻。比较之下，还是红方占优。

（5）**帅五进一**　卒3进1

红方上帅避难正确，不可仕四进五，否则炮2平9，红方丢车。黑方弃三卒，意在车2进3，驱赶红方中炮。

（6）**炮九进四**　卒3进1

红炮打边卒及时，牵制黑车。黑方如车2进3，炮九进三，黑方自讨无趣。

（7）**相七进五**　炮7退1

黑方如炮7平8，马二退三，红马可调位进攻，黑方也守不住。

（8）**相五进七**　卒7平6

眼见局面艰难，黑方放出胜负手。期望红方不察而走马二退三，则炮2平9！车八进九，炮9进2，帅五退一，卒6进1，炮五平二，炮9平8，仕四进五，炮8进1，黑胜。

（9）**车八进二**　炮2平9　（10）**车八平四**

红方心明眼亮，以一个漂亮的反弃车予以回应。红方现在当然还是不可吃黑车，平车吃卒是正确的。至此黑方如车2进8，则帅五进一，车2退1，帅五退一，车2平6，炮九进三，红胜。黑方当然也算清了以上变化，遂也没做纠缠，欣然认输。

例2　如图3-8选自实战中局，黑方双卒渡河，但其他大子被红方压制，尤其还有窝心马的弱点难以解决。红方凭借先行之利闪展腾挪，可谓入局精妙。

（1）**炮五平七**　象5进3

红方平炮轰车，伺机抢先。黑方自然不愿车回原位，高象挡之，但新的问题又接踵而至。

（2）**马七进八** 车3平1

红方紧手连发，扑马打车，黑车此次不得已回到原位。

（3）**马五进七** 车1进2

黑方高车也是权衡利弊后的选择。如卒4平3，炮七平五，红势更盛。

（4）**马八进六** 车1平2

红方马踩底士凶狠，瞬间突破黑方防线。黑方如将5平4，车八进三，将4进1，马七退六，下手炮七平六，黑方也难以抵挡。

图3-8

（5）**马六退五！** 车2进1

红马大闹黑阵，再退中马，妙不可言！

（6）**马五进七** 将5平4 （7）**马七退八** 卒4进1

（8）**炮七进四** 炮8进7

红方对黑方小卒的骚扰视若无睹，算准黑方无棋，大胆炮击黑高象，抢杀在前。

（9）**炮七平六** 马5进3

黑方窝心马现在才得以跳出，但为时已晚。

（10）**车三进一** 车8进7

黑方不愿坐以待毙，进车叫杀，做最后一击。如马3进4，车三平六，将4平5，马八进七，将5进1，车六退二，红方先手吃子叫杀，黑方亦无暇顾及进攻。

（11）**马七进六**

至此黑方认输。如马3进4，车二平六，将4平5，马八进七，将5进1，车六平二，黑方失车。

五、一马换双象，其势必英雄

在攻击过程中，为了突破对方的防守。尤其是在有炮的情况下，用一个马去换取对方的双象。往往会使防守方捉襟见肘，而进攻方的攻势则如水银泻地，难以阻挡。

例1 如图3-9是选自全国赛中局，实战中黑马搏双相，一举摧毁了红方防线。

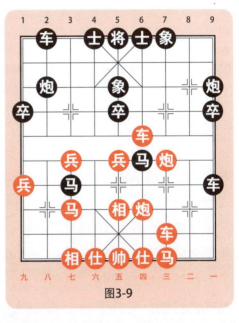

图3-9

（1）………… 马6进5

黑马换双相既是势在必行，也是原定计划。

（2）相七进五 马3进5

（3）车三平五 马5退3

（4）马三进二 车9平4

黑方平肋车凶悍，暗伏炮2进7，马七退八，车4进3，帅五平六，车2进9的杀着。

（5）车五平八 车4平8　　（6）马二进四 士4进5

（7）车八进五 车2平4

黑方马换双相后，并没有迅速夺回失子，也未有较大的攻势。但红方由于缺失双相，阵形的弱点始终难以弥补，这样的棋黑方属于"长距离"弃子。红方进车压制，看似自然，实则似有贻误战机之嫌。不如直接马四进三，黑方如车8平7，炮四进七，士5退6，马三进四，将5进1，车四平二，红方大有可为。

（8）马四进三　车8平7　　（9）炮四进七　车4进8

红方不耐苦守，炮击底士，想放手与黑方一搏，也是正常的想法。

（10）炮三进五　象5退7　　（11）车八进一　马3进5

红方连续弃双炮，悍然发动攻击，也是正和黑方心意。黑方进车敌方下二路，马入中宫，以攻对攻，立意抢先成杀。

（12）车八进二　士5退4　　（13）马三进四　将5平6
（14）马四进二　将6平5　　（15）车四进四　将5进1
（16）车八退一　车4退7　　（17）车八退七　炮9平5

尽管看似双方激烈对杀，但由于红方错失了24回合先进马的机会，造成对杀之中黑方始终主动。至此黑方摆炮扣中，全面控制了局面。

（18）车八平四　炮5进3　　（19）马七进五　车4进8

至此红方看到如帅五进一，马5退3，马五退七，车7平5，黑胜，遂欣然认输。

例2　如图3-10出自笔者学生的实战对局，红方出于惯性随手高车抓炮，被黑方窥得机会，马踩双相，快速入局。

（1）车二进四　马4进5

红方进车捉炮想当然，造成局势难以挽回。这也是入门级棋手的通病，需要在平常训练中加以克服。红方

图3-10

应车二进六,则盘面仍是互缠之势。黑马搏中相,可谓见缝插针,一举占优。

（2）相七进五　炮5进2　　（3）仕五进四　车6进2

（4）炮八进七　士5退4　　（5）马五进六　炮5退3

红方进马踏车做最后努力,也期待黑方犯错误。黑方退炮扣马好棋,以后的变化已成竹在胸。

（6）马六进八　炮3平5

黑方平中炮最佳应手,无视红马跳将抽车。当然炮3平4也可以,但远不及炮平中路精彩。

（7）马八进六　马5退4

至此图穷匕首见,黑方妙手解将还杀。

（8）帅五平四　车6进4（黑胜）

六、连环马气死单车

双马结成连环,进可攻退可守,单车面对这种情况,有时都没有办法。

例1 如图3-11是2016年全国团体赛最后一轮的一盘关键对局。黑方程鸣利用多子的有利战机,双马盘旋而出,最终击败了对手,帮助江苏队获得了比赛的冠军。

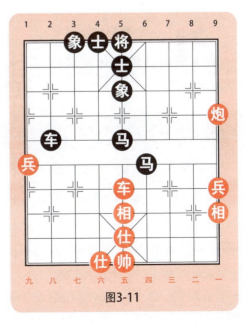

图3-11

（1）　马5进4

（2）仕五进六　车2退1　（3）炮一退二　马6进8

黑方弃马扑入，红方已难防守。

（4）车五平四　马8进6　（5）帅五平四　马6进8

（6）帅四进一　马4退5　（7）炮一平五　车2平7

黑方计算准确，双马不断骚扰红方阵营。此步红方只好平炮顶马，如车四进二，黑方马8退7得车。又如车四平五，车2平6，帅四平五，马5进6，黑方攻势不绝。

（8）帅四平五　车7进5　（9）帅五退一　车7退1

红方只好退帅，如车四退二，车7平6，帅五平四，马8退7，黑方得炮。

（10）仕六进五　车7平5　（11）车四进一　马5进3

（12）帅五平六　马3进4

黑方弃马踩仕，入局干净利落！

（13）仕五进六　车5平4　（14）帅六平五　车4平5

（15）帅五平六　马8退6　（16）帅六进一　马6退5（黑胜）

例2　如图3-12选自某实战中局的参考变化，黑方先行。

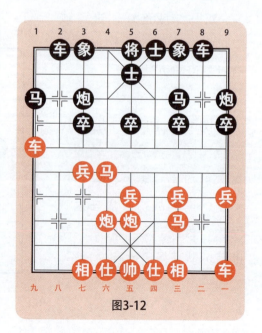

图3-12

（1）…………　卒3进1

观枰可知，红方布局子力占据高位，发展下去形势乐观。黑方不想坐等红方扩先，弃三卒放出胜负手势在必行，也是十分积极的应对。

（2）车九平七　象3进5

红方实战未敢车吃卒而是马六进四另辟蹊径，应该是正确的选择。红方车吃卒的话，黑方飞象弃炮是必然的下法，也可以说是给红方准备的一个弃子陷阱。

（3）车七进二　马1进2

事已至此，红方也只能硬着头皮用车吃炮，如躲车让黑方带将炮击底相，红方亦是无法容忍的。黑方进马踩双先弃后取，使弱马变活，同时又换掉红方威风八面的河口马，当然是步好棋。除黑方也可马7退9，马六进五，炮9平3，马五进七，车2进5，黑方满意。

（4）车七进一　炮9退1

黑炮先打红车是好次序，使红车位置尴尬。

（5）车七退二　马2进4　　（6）车七平六　马4退6

至此黑方双马结成连环，又先手踏车，形势大优。

七、双马如铰刀，看你往哪逃

指双马如铰刀一样，攻击对方将帅。前后左右呼应，比较难于防守。

[例1] 如图3-13。

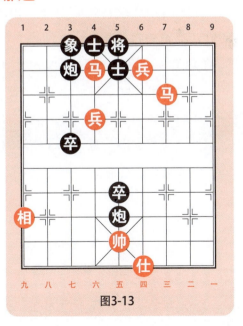

图3-13

（1）兵六进一

红方欺负黑士不敢吃兵，六路兵也顺肋道冲下。

（1）……　　炮5平2

黑炮准备回撤防守。

（2）兵六平七　炮3平1　　（3）兵七平八

红方平兵控制黑炮位置。

（3）……　　炮2退2　　（4）马六退五　炮2平5
（5）帅五平四　士5进6　　（6）马五退七　炮5平6
（7）马七进五　炮6退2　　（8）马三退二　炮6进1
（9）马二退三　炮6平5　　（10）马三进四

红方利用踩炮之机，调整马位。

（10）……　　卒5平6　　（11）兵八进一　炮1进4
（12）相九进七

红方飞相阻拦，防止黑方炮1平6，再炮6平5将军抽马。

（12）……　　象3进5　　（13）马五进七　象5进7
（14）兵八平七　炮1进3

黑方准备炮5进4偷杀。

（15）相七退五　炮5平3　　（16）帅四平五　炮3退3
（17）马四进六　炮3平5　　（18）帅五平六

红方出帅助攻，入局简捷。如兵四平五吃炮，士4进5，红方取胜还需费一番周折。

（18）……　　象7退5　　（19）马六进四

红方暗伏兵四平五，将5平6，马四进二杀。

（19）……　　炮5平3　　（20）马四退二　象5进3
（21）马二退四　炮1平3　　（22）马四进三

弃马叫杀，红胜。

例2 如图3-14。

（1）马六进五

红方弃马踩士，先下手为强，抢攻在前。

（1）………… 马8退7

（2）仕四进五 马7进8

（3）仕五退四 马8退7

（4）仕四进五 马7进8

（5）仕五退四 马8退9

（6）仕四进五 马9进8

（7）仕五退四 马8退9

（8）仕四进五 马9进8

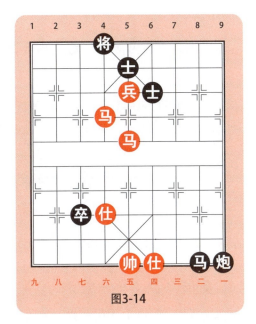

图3-14

黑方由于用时紧张，通过将军缓解用时危机。

（9）仕五退四 卒3平4

针锋相对，黑方不能走吃马，否则红方兵五进一后，再马五进四抢杀在前。

（10）前马退七 将4进1　　（11）马七进八 将4退1

（12）马八退七 将4进1　　（13）马七进八 将4退1

（14）马八退七 将4进1　　（15）兵五平六 将4平5

（16）兵六进一

红方弃兵好棋，充分利用帅的作用。

（16）………… 将5平4　　（17）马五进四 将4进1

（18）马四进五 将4退1　　（19）马七进八 将4退1

（20）马八退七 将4进1　　（21）马七进八 将4退1

（22）马五退四

通过将军，红马已调整到位。

（22）………… 马8退7　　（23）仕四进五 马7进8

（24）仕五退四 马8退7　　（25）仕四进五 马7进8

（26）仕五退四 炮9退7

黑炮不得已回撤，防止红方马八退七杀棋。

（27）马八退六

在消除己方威胁后，红方再度调整马的位置，从容不迫。

（27）……　　马8退7　　（28）马六退五

红方准备马五进四杀。

（28）……　　卒4平5　　（29）马五进四　　将4平5

（30）前马进二

红马从左翼转到右翼，通过抽将擒获黑方一子后胜定。

八、卒坐宫心马一绕

多指马兵（卒）成杀，一兵（卒）位于九宫花心点，定住对方将（帅）。而马在将（帅）前后左右盘旋，得机将军制造绝杀机会。

例1　如图3-15是2016年全国象棋团体赛郑惟桐对孙逸阳的残局形势。

图3-15

（1）炮五平六　　马4进5

红方平炮打马，牵制住黑方四路线，使局面朝着胜利的方向迈进。黑方如马4进3，红方可以炮六进七打士。

（2）帅六平五　　马5退4

红方先拴住黑方4路线，增加黑方守和的难度，下得老练。

（3）兵四平五　　将4退1　　（4）马七退八　　马6进5

（5）帅五退一　马5退3　　（6）仕四退五　象7进5
（7）马八进九　马3退2　　（8）马九退八　马2进3
（9）炮六进七　象5进7

黑方双马相连，阻挠红马进击路线。红方此时再打士，进一步削弱黑方防线。

（10）炮六退二　象7退9　　（11）炮六进一　象9进7
（12）马八退九　象3退1　　（13）马九进八　象7退9
（14）炮六退一　象9进7　　（15）炮六进一　象7退9
（16）炮六退一　象9进7　　（17）炮六进一　象7退9
（18）马八退七　象9进7　　（19）马七进八　象7退9
（20）马八进七　象9进7

红方也是经过一番筹措，发现了较为可行的取胜之路，此手入马为最后取胜奠定基础。

（21）炮六平四　马4退6

红方平炮是上步棋的连续动作，下得紧凑。

（22）马七进五

例2 至此图穷匕首见，面对红方下一着炮四进三的绝杀，黑方只得认负。

如图3-16是2017年全国象棋甲级联赛郑惟桐对钟少鸿的残局形势，红方先行。

（1）帅五平四　卒5平6
（2）兵四平五　将5平6

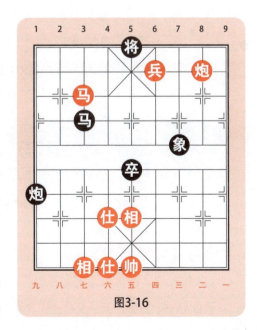

图3-16

（3）马七退五　炮1平7　　（4）炮二退二　马3进5

红方出帅助攻，继而兵如花心，再回马盘旋，胜势已成。此手退炮准备快速组杀，如马五退四，马3进4，帅四平五，炮7平5，仕六进五，象7退5，黑方还可周旋。

（5）炮二平四　炮7平5

红方如马五退三吃象，炮7平5，黑方仍可延缓红方的进攻，红方不满意。黑如误走炮7平6？炮四退三，卒6进1，马五进三，红胜。

（6）马五进四　马5退6　　（7）马四进二　马6退8
（8）马二退四　马8进6　　（9）马四退二　马6进4
（10）马二进四　马4退6　　（11）仕六进五　炮5平6

红方通过将军试黑方应手，也为自己延缓一下紧张的用时。

（12）炮四平一　马6退8

黑方如马6进4，马四进二，马4退5，炮一进三，马5退7，炮一平三，红方得马。

（13）马四退二　象7退5　　（14）帅四平五　炮6平5
（15）炮一进二　炮5平6　　（16）炮一退七　马8进6
（17）炮一平四　马6进7

红炮牵制黑方子力，黑方已十分困难了。

（18）马二退一　马7退5　　（19）马一进三　马5退7
（20）兵五平六　象5进7　　（21）炮四退三　马7进5

红方顺势吃掉黑过河卒，取胜只是时间问题了。

（22）兵六平五　马5退7　　（23）兵五平六　炮6平7
（24）马三退五　象7退5　　（25）马五进四　马7进6
（26）马四进二　将6平5　　（27）炮四平五　象5进7
（28）马二退四　将5平6　　（29）兵六平五　象7退5
（30）炮五平四　炮7退5　　（31）炮四退四

至此红方准备仕五进四，黑方看到难以防守，于是主动认负。

第四章 兵（卒）类实战技巧

一、一卒功成见太平

在残局阶段，兵（卒）的数量及所处位置意义重大，往往由于一个小卒的作用会影响全局。

 如图 4-1，双方子力均等，但红方中兵雄踞对方河口，潜力巨大。

（1）车二平五

红方平车力保中兵。

（1）………… 卒7进1

黑方巧过黑卒，力争与红方周旋。

（2）炮五平六　将4平5

（3）相三进五

红方利用打将后起相稳固自己阵形。

（3）………… 卒7进1

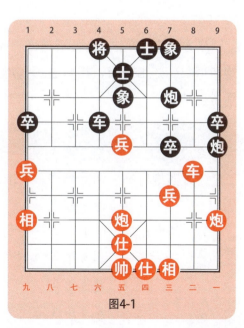

图4-1

双方各过一兵卒，且看各自发挥如何。

（4）兵五进一　炮9平8　　（5）炮一平二　车4退1

黑方无奈退车防守，如被红兵换双象后，势必速败。

（6）相九退七　象5进7　　（7）炮六进四　卒9进1

（8）仕五退六

红方不慌不忙，调整阵形。

（8）………　卒7进1　　（9）炮二进一　车4平6

（10）炮二平五

红方将二路炮调至中路，准备发起攻击。

（10）………　车6进2　　（11）仕四进五　卒7进1

（12）炮六退五　炮8进5

黑方不甘坐以待毙，进炮进行反击。车双炮卒在红方右翼已造成巨大威胁。

（13）兵五平六　象7进5　　（14）车五平八　车6平5

（15）车八进五　士5退4　　（16）车八平六　将5进1

（17）炮五平四　车5进3

黑方应走卒7进1，仕五退四，卒7平6，帅五平四，车5平6，炮四退二，炮8平4，炮六进二，炮7平6，帅四平五，炮6进6，黑方优势。

（18）车六平四　炮8平9　　（19）帅五平四　车5退1

（20）炮四退一　象5退3　　（21）炮六平三

红方弃炮打卒，消除隐患，算准车炮兵的连攻手段。

（21）………　炮7进6

黑方炮发出后，削弱了自己的防守力量。

（22）炮四平五　车5平4　　（23）车四退三　炮7进1

（24）帅四进一　将5平4　　（25）兵六平七　炮7退2

（26）仕五进六　车4平3　　（27）车四进二　将4退1

（28）兵七平六　车3平4　　（29）兵六平七　车4平8
（30）炮五退一
红方退炮看似笨拙实则精妙，彻底杜绝黑车双炮的攻击。
（30）…………　炮9平3　　（31）兵七进一　炮3退1
（32）炮五退一　车8平4　　（33）兵七进一（红胜）

例2 如图4-2所示，红方比黑方多一中兵，且中兵渡河，优势明显。以下看红方如何扩先。

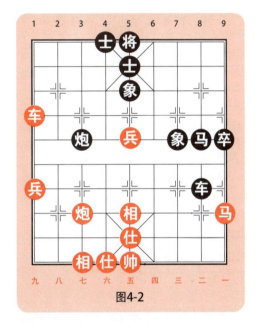

图4-2

（1）…………　炮3进5
黑方炮击底相本意是想简化局势，但效果不佳。不如卒9进1，车九平二，车8进2，炮七进二，卒9进1，炮七平一，马8进7，车二退五，马7进8，马一退三，马8退7，炮一平三，炮3退3，黑方顽强。

（2）相五退七　车8进1　　（3）车九平二
红车牵住黑方车马。

（3）…………　车8平3
如黑方车8平9吃马，则车二进三，士5退6，炮七平一，车9平3，炮一进三，红方车炮在黑方底线形成攻杀组合。黑方只得车3退1，炮一平四，将5进1，炮四退七，车3平4，兵五进一，黑方陷入困境。

（4）马一进二

红方利用黑方得回失子之机,红马跃出。

（4）………… 卒9进1　　（5）马二进四　马8进9
（6）兵五进一　马9退7　　（7）马四进六　马7退5

黑方此时不如退象,不至速败。

（8）车二平四　象5退3　　（9）车四退一　马5进4
（10）车四平三

红方借捉马之机,蚕食黑方一象,黑方已危在旦夕。

（10）………… 车3退3　　（11）车三进四　士5退6
（12）兵五进一

红方进兵,一击制胜。黑马卧槽将后,红马正好守住黑车将军位置。黑方如飞兵,红方马六进四,将5进1,车三退一杀。又如士4进5,兵五进一,将5平4,车三平四杀。

在本盘棋的残局阶段,红方为广大棋友展示了典型的车马兵组合杀势。

二、小卒过河当大车

兵（卒）在未过河之前,其进攻能力相对较弱。一旦过河,进攻能力便大涨。在某些时候甚至不亚于车的威力。

例1 如图4-3是2014年全国象棋甲级联赛张兰天对柳大华对弈至20回合的形势,该黑方走棋。盘面上双方虽然各过一兵卒,但黑方

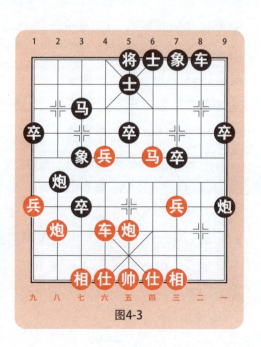

图4-3

却利用卒位置更好的有利因素，抢先发难。

（1）………… 卒3平4　　（2）车六平七　炮2平5

黑方先借边炮之力平卒撞车，再扣中炮叫将，黑势见长。

（3）仕六进五　炮9进3　　（4）帅五平六　车8进9

（5）车七进三　炮9平7　　（6）帅六进一　炮7退1

（7）帅六退一　卒4进1

红方也积极应战，以车吃象意欲与黑方对攻。黑方先冲4路卒叫杀，争取到了先机。

（8）仕五进六　车8平6　　（9）帅六进一　炮5平8

红方如炮五退二，车6退5，车七进二，车6平4，炮五进六，将5平4，车七进二，将4进1，车七退七，车4退1，炮五退一，象7进5，炮八退一，炮7退1，黑方优势。

（10）炮五平二　车6退5　　（11）车七进二　车4退4

（12）车七退五　炮8退3

红方如炮八进七，象7进5，炮八平六，象5退3，红方缺相少兵也是败势。至此黑方取得了明显的优势，并最终获胜，以下着法从略。

例2 如图4-4，该局是2014年全国个人赛谢靖对刘明对弈至30回合，轮黑方行棋。双方一直在进行封锁与反封锁的较量，实战中黑方瞅准机会，中卒渡河参战，如虎添翼。

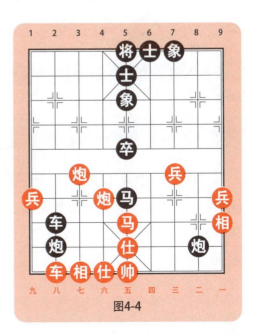

图4-4

（1）………… 卒5进1　　（2）炮七退三　炮8退5
（3）炮六进三　炮8平5　　（4）相一退三　卒5平4

黑方也可马5退7，帅五平四，卒5进1，马五进七，车2退2，车八进一，车2平6，仕五进四，马7进6，黑方胜势。

（5）帅五平四　车2退3　　（6）仕五进四　车2平6
（7）炮七平五　车6进3

红方平中炮也是没有好的办法。如车八进一？车6进3，炮七平四，马5进7，黑胜。又如仕六进五，炮2平5，黑方大优。

（8）帅四平五　车6平7　　（9）炮五进二　卒4进1
（10）炮五进二　车7进2　　（11）帅五进一　车7退1
（12）帅五退一　车7进1　　（13）帅五进一　卒4进1
（14）帅五平四　炮5进4　　（15）炮五平六　卒4平3

红方如相七进五，则卒4进1，仕六进五，车7平2，吃车胜定。至此黑方四子围攻，红方难于抵挡，遂主动认输。

三、一卒之微，全局攸关

象棋的成败，很多时候只取决于一个卒（兵）。在一些盘面中，常常看到多一个卒就能取得胜利，反之则无法取胜，甚至还有输棋的危险。

> 例1　如图4-5是2014年象棋甲级联赛金波对王天一激战至22回合的形势，轮黑方行棋。在看似均势的马炮棋战斗中，黑方巧渡边卒，使之成为红方心腹大患，并依靠此卒获取了决定性的胜利。

（1）………… 卒1进1　　（2）炮四进二　卒3进1

红方进炮轰卒,黑方弃3卒巧保边卒,已认识到边卒是棋之筋脉,胜利的砝码。

（3）兵七进一　卒1平2

黑方平卒准备冲下,直奔红边马而去,让红方头疼不已。

（4）炮四退一　马1进3

红方先退一步炮不得已,如马九退七,炮9平5,仕四进五（如仕六进五,马1进2,黑方大占优势）,炮1平3,炮四退三,卒2平3,红方艰难。

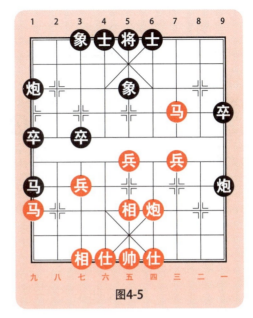

图4-5

（5）炮四退一　马3退1　　（6）炮四进一　炮1平3

（7）仕四进五　卒2进1　　（8）炮四平九　炮9平1

（9）兵七进一　卒2进1

黑方棋快一着,抢先捉死红马。如象5进3去红兵,马五退七,炮3进3,相五进七,卒2平1,相九退七,红方尚有和棋的希望。

（10）兵七平八　炮3进6

黑方探炮下二路,志存高远,已不满足于用卒换马,而是想净吃红马。

（11）兵八平九　炮3平2　　（12）相五进七　炮1平2

红方如马九退八,卒2平3,黑方下一步炮2平3捉死马。

（13）马三进一　士4进5　　（14）马一进三　将5平4

（15）马三退四　卒2平1

至此黑方得偿所愿,吃得红边马,净多一炮,还有两个高卒,最终获胜。下略。

例2 如图4-6是2014年世界智力精英运动会当中，蒋川对阵曹岩磊弈完19回合的形势，轮红方行棋。红方少相，却多一过河兵，胜负的关键全在此兵身上。

图4-6

（1）马三进五　车3平4

（2）马五进四　卒3进1

黑方似不如走车4退5更好（当然不能马7进6吃兵，否则红马四进三，将5进1，车八进六，车4退5，马三退四，黑失车），红方如兵七进一，马7进6，兵七进一，车4平6，马四退二，车6平8，马二进四，马3退5，车八退一，马5进7，车八平三，车8进2，黑方还可抵挡。

（3）马四进三　将5进1　　（4）车八进五　卒3进1

（5）车八平七　卒3进1　　（6）仕四退五　车4退1

黑方如车4退2，红方有兵四平三的巧手，黑方难下。

（7）兵四进一　车4平6　　（8）帅四平五　将5平6

（9）兵四平三　马7退9　　（10）车七退五　车6平8

（11）马三退四　车8进1

黑方先士6进5补一手士会更好些。

（12）车七进二　士6进5

黑方不敢车8平5吃兵，否则红方可车七平二，黑马要丢。

（13）车八平一　车8退4　　（14）车一进二　马9退7

（15）兵一进一　士5进6

至此红方全面掌控了局势，取胜只是时间问题了。

（16）兵一进一　车8进7　　（17）仕五退四　车8退2

（18）相五进三　车8退5　　（19）相三退一　将6平5

（20）马四退三

到此黑方回天乏术，遂主动认负。

四、弃卒开僵局

在相互纠缠的盘面下，适时地通过弃卒来打开局面，在象棋对弈中是常见的手段。主动弃掉兵（卒）后，往往可使大子变得活跃，从而掌控全局的主动。

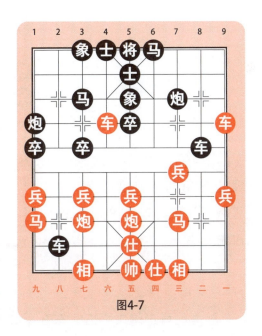

图4-7

例1　如图4-7选自实战中局，轮黑方先行。黑方通过深入分析，敏锐地抓住红方三七路及九路边线的弱点，弃卒展开进攻，获得了主动。

（1）…………　卒1进1！

黑方弃卒是较难发现的妙手。由此一点突破，黑方获得全面主动。

（2）兵九进一　车8平4

黑方再平车邀兑，时机恰到好处。

（3）车六退一　马3进4

红方如车六平七，炮1进4，炮五平九，车2平3，炮七平六，车3进1，炮六退二，车3退2，黑方得子。

（4）车一平五　炮1进4　　（5）炮五平九　马4进3

（6）相三进五　马3进1

至此黑方得子占优。

例2 如图4-8是由仙人指路对卒底炮布局演变而来的，黑方先行。

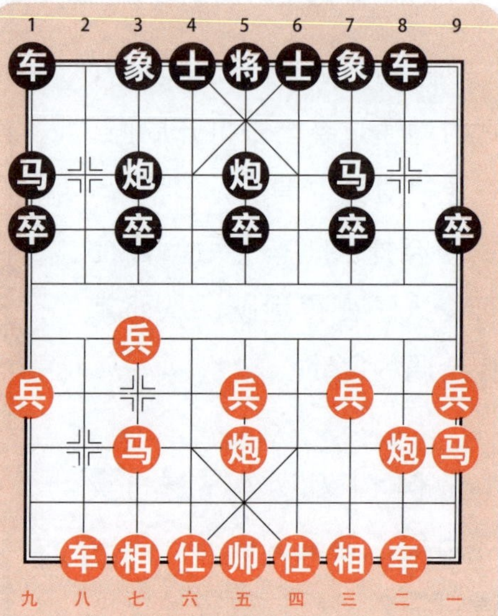

（1）…………　卒3进1

黑方先弃三卒，争抢先手，下得积极主动。如按常理走车8进4巡河，红方可炮二平三兑车，黑方不易占先。

（2）兵七进一　车8进4

（3）兵七平八　车1平2

红方如再走炮二平三，车8平3，马七进六（如车八进二，车1平2，黑方占优），炮5进4，仕六进五，车1平2，黑方大优。

（4）兵八进一　车8平3　　（5）马七退九　卒1进1

（6）仕四进五　马1进2　　（7）炮五平八　炮5进4

（8）相七进五　象3进5

互缠之中，还是黑方更为主动。

图4-8

五、棋多双卒易胜

一般指双方各剩两个以上大子，在形势大致相当时，一方若多出两个卒（兵），则取胜的希望会大很多。

例1 如图4-9。

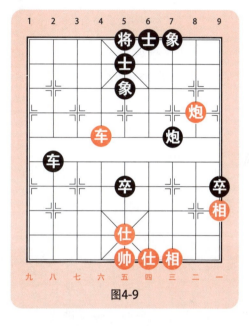

图4-9

（1）…………	车2进4
（2）仕五退六	车2退6
（3）炮二退二	炮7进4
（4）车六退四	炮7退1
（5）车六进一	炮7进1
（6）车六退一	炮7退1
（7）车六进一	炮7进1
（8）车六平七	炮7退4
（9）车七进二	卒9平8
（10）炮二平五	车2平5
（11）仕六进五	卒8平7
（12）炮五平一	卒7平6
（13）车七平六	车5平2
（14）车六进一	炮7进4
（15）炮一平五	炮7平9
（16）车六退三	炮9进1

黑方下得比较简明，炮沉底，准备中路车卒配合进攻。

（17）车六平七	车2平5
（18）车七进二	炮9平8
（19）相一进三	卒5进1

黑方准备卒5进1，帅五进一，炮8退4得子，至此红方认负。

例2 如图4-10所示，红方双车炮对黑方车双炮马，子力价值相当，如让黑方顺利调整好阵形，红方取胜有一定难度。

（1）兵七进一

红方利用黑方中路被牵住的弱点，巧过七兵。黑象不敢吃兵，否则红方有车四进一砍马。

（1）………… 炮4退4

（2）兵七进一

红兵渡河后，威力陡增。

（2）………… 炮6平8

（3）车八平一

红车顺势消灭黑卒，不留隐患。

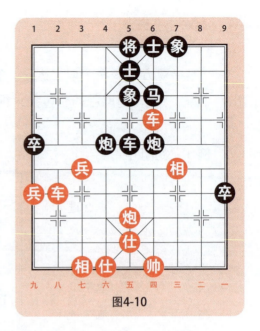

图4-10

（3）………… 车5进1　　（4）车一平八　炮8退3

黑方如改走炮8平5，兵七进一，炮5进3，相七进五，卒1进1，兵七进一，卒1进1，车八平九，黑方守和困难。

（5）帅四平五　炮8平6　　（6）车四平三　炮6平9

（7）车三平四　炮9进3

黑方准备平中兑炮，保留最后一线和棋机会。

（8）车八进二　炮9进2　　（9）兵七进一

红方毅然冲兵。

（9）………… 车5平7

黑方不甘俯首称臣，吃相后继续对红方右翼进行骚扰。

（10）车四进一　车7进4　　（11）车四退七　炮9进3

（12）兵七进一　炮9平6　　（13）仕五退四

红方算准己方攻杀在前，吐还一子。

（13）………… 车7退3　　（14）车八平九

红方顺手牵羊，净多双兵，稳操胜券。

（14）………… 车7平4 （15）车九进四

红方进车拴住黑炮，为边兵前进开通道路。

（15）………… 车4退1 （16）仕四进五 车4退1
（17）兵九进一 车4进1 （18）兵九进一 车4退1
（19）兵九进一 车4退1 （20）兵九进一 车4退1
（21）兵九平八

黑方误以为能拴住红方车兵，红方弃兵妙手，黑方如车4平2，兵七平六，炮4平2，车九退一，车2平3，炮五进六，炮击中士后，红方可以从容撕开黑方防线。

（21）………… 车4进1 （22）车九平八 车4进1
（23）车八退一

红方下一步兵七平六，黑方无力防守，只得认负。

六、老卒搜林

兵（卒）一般冲到对方底线，作用就会大大降低。但在一些特殊局面下，往往需要老兵（卒）才可以取胜。

例1 如图4-11是2017年全国个人赛16进8淘汰赛，孙逸阳对蒋川的实战残局形势，轮黑方行棋。

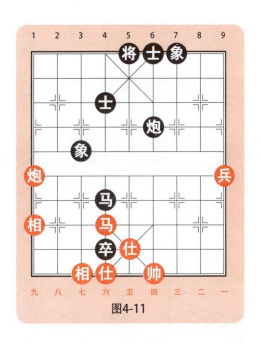

图4-11

（1）………… 卒4进1

双方为了能够晋级下轮

比赛,在马炮兵对马炮卒,且均为士象全的必和残局中,已缠斗许久。黑方抓住机会,底卒撞仕,完成奇袭,也是红方始料未及的。

(2)帅四进一　马4退6

红方不能仕五退六,马4退6,马六退四(如马六进四,炮6进3,黑得子),马6进7,黑胜。

(3)仕五进四　马6退8　　(4)仕四退五　马8进7
(5)帅四退一　马7退6　　(6)马六退四

红方送马无奈,如仕五进四,马6进4,仕四退五,马4进6,马六退四,卒4平5,帅四平五,炮6进5,黑方依然得子。

(6)…………　卒4平5　　(7)帅四平五　炮6进5

得子之后,黑方已成必胜残局。

(8)炮九平四　炮6平8　　(9)兵一进一　炮8退5
(10)相七进五　炮8平2　(11)相九进七　炮2进1
(12)兵一进一　炮2退1　(13)炮四退三　马6退4
(14)仕五进六　炮2平9

黑方下得老练,并不急于进攻,而是先消灭红方过河兵,采用各个击破的实用战术。

(15)炮四平六　马4退6　(16)炮六进六　马6进5
(17)炮六平七　炮9平5　(18)仕六退五　马5进4
(19)炮七平六　炮5退2　(20)帅五平四　象7进5
(21)相五退七　马4进5　(22)相七退五　马5退7
(23)帅四平五　象5进7　(24)帅五平六　将5平4
(25)炮六进一　马7退6　(26)相五退三　马6进4
(27)炮六退四　马4进5(黑胜)

例2 如图4-12是一则经典残局,红方要想取胜,小兵必然要成为老兵才行,否则绝无可能。

（1）炮八进六　卒1进1

红方炮点黑方下二路准备控制黑将，是取胜关键着法。如炮八进七，象1退3，兵四平五，将5平6，炮八平六，红方虽夺取黑方双士，但己方没有了炮架子，只能形成和局。

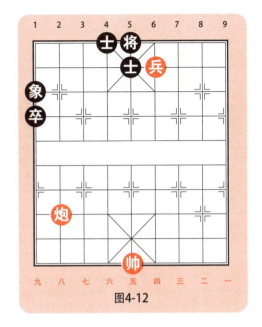

图4-12

（2）兵四平三　卒1进1

黑方如将5平6，兵三进一，将6平5，黑方等于没有走棋。

（3）兵三进一　卒1平2

红方冲兵进驻底线，可以继续控制黑将，另外也是为红炮接下来的进攻充当炮架子。

（4）炮八退二　象1退3

黑方只好落象准备护中，如卒2平3，炮八平二，卒3平4，炮二进三，红胜。

（5）炮八平二　象3进5　　（6）炮二平五　卒2平3

红炮先虚晃右路，待黑象飞起后再扣回中路，铁门栓杀势已成。

（7）帅五平四　卒3平4　　（8）兵三平四（红胜）

第五章
士象类实战技巧

一、士亏应兑车

象棋里有缺士怕双车的说法,因此在少士的情况下,如果能够兑掉对方的车,则己方的阵营将大为安全。

例1 如图5-1,黑炮打底仕,棋局顿时掀起波澜,红方面临严峻考验。黑方如改走车7进2,马一退三,士6退5,兵五平四,车2退1,车九平八,车2进2,兵四平三,车2退6,车三平二,象5进7,双方和棋机会很大。

图5-1

(1)………… 炮2平4
(2)仕五退六 车2平6
(3)车三平二 车7进2
(4)车二退七

红车回撤防守。

（4）………… 车7平9　　（5）车九进三　车6平4

（6）车九平二

红方平车是守和的关键。

（6）…………　卒7进1

黑方如走将5平4，兵五平六，车4退4，仕六进五，车4进4，红后车二进一可以长兑车解救。

（7）相五进三　车9平7

黑方通过弃卒，活通9路车。

（8）前车退一

冷静一手。红方如逃相，黑方出将后，红方无力防守。

（8）…………　将5平4　　（9）兵五平六　车7退3

（10）前车平五　车7平3　　（11）相七进九　车3平2

（12）相九退七　车2平3　　（13）相七进九　车3平2

（14）相九退七　车2进1　　（15）车二进二

形成"霸王车"，至此红方无忧。

（15）…………　车2平9

（16）车二平一　车9平8

（17）车五平二　车8平7

（18）车二平三　车7平4

（19）仕六进五

红方在看似比较危急情况下走得非常冷静，终于化险为夷，双方和棋。

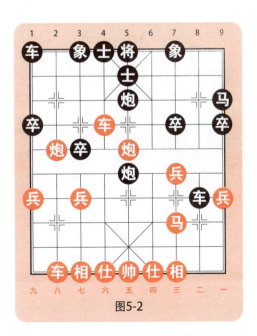

图5-2

例2　如图5-2选自实战中局，双方局面胶着。红方先行。

（1）车八进四　车8平5

面对黑方平中车抽将的先手，红方选择高车捉炮，积极应对。如改走帅五进一，车8进2，帅五退一，车8平6，黑方机会似更多。

（2）马三退五　前炮进3

红方退马窝心是必走之着，如补仕会被黑方车5平4抽车。

（3）炮五退四　车5平6　　（4）车六平五　将5平6
（5）炮五进六　车6进3　　（6）帅五进一　象7进5

黑方通过平车占肋谋得红方一仕，是否有所作为就看右车能否顺利参战了。黑方不能象3进5，否则红方炮八进四，黑方反不美。

（7）炮八进二　象5退7

黑方如车1平2，车八进二，士5进6，车五平四，车6退6，车八平四，黑方也难有作为。

（8）车五平六　车1进2

红方平车守肋刁钻，黑方如不察走车6平7吃相，红方有车六进三偷杀。黑方不如走车1进1，相三进五，卒1进1，这样保持暂不兑车，黑方机会较多。

（9）车八进二　车6退7　　（10）炮八平一　车6进6
（11）帅五退一　车1平5　　（12）车六平五　象7进9
（13）车五进一　车6进1　　（14）帅五进一　象3进5

一番交换之后，红方成功兑掉一只大车，盘面趋于和势。

（15）相三进五　车6平4　　（16）车八平三　车4退3
（17）车三平一　卒1进1　　（18）车一平九　车4平3
（19）车九退一　车3平9　　（20）车九退一　车9平4
（21）车九平四　将6平5　　（22）兵九进一（和棋）

二、支起羊角士，不怕马来将

一士在九宫花心点，另一士在士角称为羊角士。这种形状在对方马的进攻时，一是可以蹩住马腿，另外将（帅）在应将时，跑到有羊角士的一侧较为安全。

例1 如图5-3是2014年全国象棋甲级联赛金波对阵程鸣的中局。观枰可知红方多兵，而黑方子力较为灵活，尤其是卧槽马对红方威胁较大。实战中红方撑仕顶马，逐渐掌握了主动权。

（1）仕五进四　车6进3

红方支仕顶马是类似盘面下的常见下法，也是必走之着。

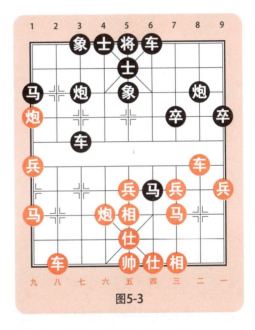

图5-3

（2）炮九退一　炮8平7　（3）仕四进五　炮7进4
（4）车二平五　炮3平4　（5）车八进七　车3平7
（6）马九进八　炮7平8　（7）马三退二　马6进8

以上双方攻守俱正，唯红方马三退二有嫌随手，给予黑方进马打马的机会。不如马三退四，仍是互缠之势。

（8）马二进一　马8进6

黑方进马卡相腰兼叫吃底相，看似好棋实则错失良机。应马8进7！车五平二（相五退三，车7进5，仕五退四，车6进4，红不行），炮8进1，黑优。

（9）车五平三　车7进1　　（10）相五进三　车6进3

（11）马八进七　炮8平5　　（12）帅五平四　车6退1

黑方退车欠妥，不如车6平8，马七退五（当然不能帅四进一，否则炮5平6，黑胜），马6退8，炮六平二，车8进1，黑方虽然后手，但尚无大碍。

（13）车八退三　车6退2

红方借机兑车机灵，瞬间获得了主动权。黑方如车6平2，马七退八，卒7进1，马一退三，黑方仍有丢子之虑。

（14）马七进九　象3进1　　（15）车八退一　车6进3

（16）帅四进一　炮4进3　　（17）仕五退六　炮4平6

（18）帅四平五　炮6平5　　（19）帅五平六　前炮平4

（20）炮六平五　炮5平4　　（21）帅六平五　卒7进1

（22）车八平七

至此红方稳持多子之利，并最终获胜，下略。

例2　如图5-4出自实战，红方先行。分析形势，红方明显占优，只需先化解黑方车马的骚扰，红方取胜不难。

（1）仕五进六　卒3进1

红方支仕顶马是当走之着。

（2）兵八进一　车3进3

（3）马九退七　将5平4

（4）兵八进一　车3平6

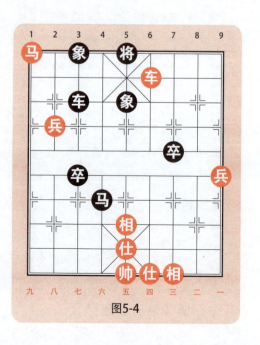

图5-4

红方借兵捉车之机,连续下兵。黑方由于尽失双士杀不过红方,只好兑车延缓红方的攻击速度。

(5)车四平二　马4进6　　(6)帅五进一　卒3进1
(7)车二进一　将4进1　　(8)马七退六

黑方虽然尽力搏杀,但无奈远水难解近渴。至此红下步兵八平七,黑方无法抵御,遂推枰认输。

三、无事不支士

士(仕)本来是保护将(帅)安全的,补士(仕)的目的也多是加强自身的防守。但如支士(仕)不当,也会存在阻塞大子出动,延误战机等副作用。笔者年少学棋时,曾听已故象棋大师臧如意说过:"无事自补,取败之道"。当时细细品味,感觉受益匪浅。想来与此条谚语有异曲同工之妙。

例1　如图5-5,是由中炮进三兵对反宫马进三卒的布局演变而来的实战对局,轮黑方行棋。上一手红方为加强防守,走仕四进五,结果事与愿违,造成己方左车被封住。黑方借势巧妙转换,反夺先手。

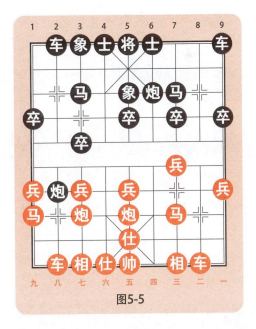

图5-5

(1)…………　车9平8
黑方主动兑"窝车"是从全局着眼,由于红方左车被封,兑掉红方唯一的"活车",就成了黑方的当务之急。兑车之后,黑方虽局部亏损一步,但换来全局的主动,还是值得的。

(2)车二进九　马7退8　　(3)兵九进一　马8进6
(4)相三进一　士6进5　　(5)马三进四　炮6平9
(6)兵五进一　炮9进4　　(7)马四退三　炮9平7

红方不敢兵七进一,黑可炮2平3,红方大亏。

(8)马三进一　马6进8　　(9)马一进二　炮7平8
(10)炮五平二　卒7进1　(11)马二进三　炮8平5
(12)帅五平四　马3进4　(13)马三退四　炮5平6
(14)帅四平五　卒7进1　(15)相一进三　马8进9
(16)相三退一　马4进6　(17)马四进六　士5进4

黑方优势明显,以下着法从略。

例2 如图5-6是2007年全国个人赛龚晓民对贾祥对弈完9个回合的局面。实战中,红方抓住机会,夺取了优势,获得了胜利。

(1)车二进一　马2进4

红方高一步车,好棋!这是类似盘面下常见的选择。如再按例1那样随手补仕,就将错失占优的好机会。试演变化如下:仕六进五,马2进3,兵五进一,士4进5,马三进五,炮8进1,黑方满意。黑方不可炮8平5,否则红方炮五进四反将吃子。

图5-6

（2）车二平八　车8进5　　（3）兵五进一　车8平5
（4）马三进五　车5平6　　（5）兵三进一　车6进1
（6）马五进六　车6平4　　（7）马六进四　车4平6
（8）马四进三　车6退5　　（9）马三进一　车6平9
（10）车八进七　卒7进1　　（11）马七进五　卒7进1

红方构思独特，先把一匹马跳入死角，引黑车退回。再进车盯住黑方拐角马，现又冲上七路马，战斗的风格跃然于枰上。

（12）马五进六　车9退1　　（13）车八平六　车9进1
（14）车六退一　炮1进4　　（15）炮九进四　车9平1
（16）炮五平九　士4进5

黑方支士的方向有误，可考虑士6进5。

（17）车六平八　卒5进1　　（18）兵七进一　马7进6

红方弃兵妙手，黑方不敢卒3进1，否则前炮平五，黑方速败！

（19）兵七进一　炮8退1　　（20）仕四进五　车1退1
（21）相三进五　炮8进4　　（22）车八退四　炮8退3
（23）车八进一　象5进3　　（24）车八平三　炮8进3
（25）兵一进一　卒7进1　　（26）炮八平一　车1平4
（27）炮九平三　象3退5　　（28）炮一平五　象7进9
（29）马六进七　炮1平9　　（30）炮三平一　车4平1
（31）车三平四　马6退7　　（32）车四进三　炮9平7
（33）帅五平四　象9进7　　（34）炮一平二

至此，红方下一步有炮二进七的杀着，黑方无法化解，遂认输。

四、缺士怕双车

指防守方只剩单士（仕），这样就比较顾忌对方双车的进攻。士（仕）是离将（帅）最近的卫士，如果缺少其中一个，由于车的特性及威力,很容易靠近将(帅),一个士(仕)是守不住的。

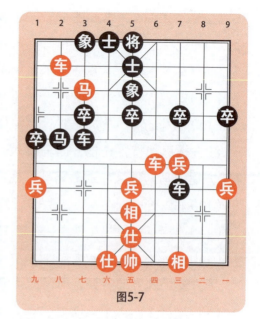

图5-7

例1 如图5-7选材于实战,红方先行。

(1)马七进五　士4进5

红方弃马破士,是入局关键所在,为双车进攻创造条件。

(2)车四进四　马2退3

黑方退马进行防守,如士5退4,红方帅五平四绝杀。

(3)帅五平四　将5平4

红方出帅助攻,准备车八平五,马3退5,车四进一杀棋。

(4)车八退一　车7平5　(5)车八平七　车5退2

黑方双车联手准备伺机兑车,化解红方双车的杀势。如将4平5,车七进一,红方杀法如前,黑方无法抵御。

(6)车四平五　车3平4　(7)车七进一　象3进1

红方进一步车暗伏车五平六,车4退3,车七进一臣压君的杀法。

(8)车七平八　象5退3

红方仍伏有车五平六的杀着,黑方只好落中象解杀。

(9)车五平七　将4平5

黑方如象3进5,车七平六!车4退3,车八进一,红胜。

(10)车七进一　车4退4　(11)车七退一

至此黑方推枰认输,如车5平6,帅四平五,将5平6,车七平二,红胜。

例2 如图5-8,黑方多卒占优,红方如不采取积极手段,形势堪忧。

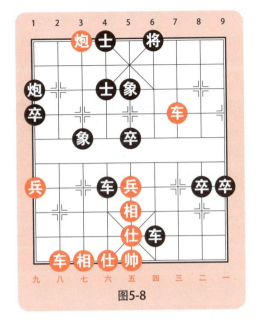

图5-8

（1）炮七进三

红方抓住黑方阵形不稳的弱点,弃炮抢攻。

（1）……　　象5退3
（2）车三进三　将6进1
（3）车三平六

红车吃去黑士后,黑方防守压力剧增。

（3）……　　车6平7

黑方如走车6平8,则车八进八,将6进1,车六平三,红胜。

（4）车八进八　将6进1　（5）车六平四　将6平5
（6）车四平五　将5平6　（7）车八退二

红方双车利用将军之际,占据要点,下着准备平四杀棋,黑方如车7平6,车五平四抽车,也是红胜。

五、支错士,自找事

面对对手的攻击,士（仕）的防守举足轻重,方向选择很重要,有时一个错误便会全局崩溃,无法挽回。

例1 如图5-9是2014年全国象棋甲级联赛谢靖对金波的实战中局,轮黑方行棋。黑方误走落士,给了红方妙手弃子突破黑方防线的机会。

（1）………… 士4退5

赛后金波大师颇为懊悔，认为应士6进5可保无虞。

（2）炮五进五　炮4平3

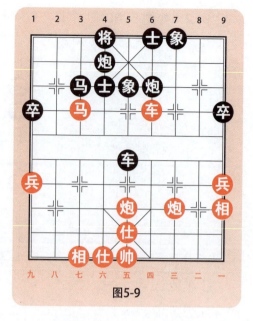

图5-9

红方炮击中象是不易觉察的一步妙手。黑方考虑再三，未敢贸然象7进5吃炮，否则红方马七进五，炮4进1（如车5退3，炮三进七闷杀），炮三进七，将4进1，炮三退一！将4退1，车四平八，红胜。

（3）车四平六　炮3平4　（4）炮五退二　车5退1

红炮退二送入车口，又是一步有勇有谋的好手。

（5）车六平三　炮4平3　（6）炮三进七　将4进1
（7）炮三退一　将4退1　（8）车三平六　炮6平4
（9）炮三平七　车5平2

一番转换下来，黑方净失双象，且马炮位靠后，局面已十分被动了。

（10）车六平一　车2退3

红方顺手牵羊再吃一卒，积攒子力优势。这样的棋形，黑方往往是耗不起的。

（11）炮七进一　车2退1　（12）炮七退一　车2进3
（13）兵一进一　卒1进1　（14）兵一进一　马3退1
（15）仕五进六　炮4平1　（16）炮七平六　炮1平4
（17）车一平六　马1进3　（18）炮六平七　马3进1
（19）炮七平九　马1退2　（20）马七进八　车2退2

（21）炮九进一

红方占优之后下得老练，并不急于进攻，而是和黑方打起了消耗战。至此再兑一马，红方已成必胜残局。黑方也不再做纠缠，爽快认负。

例2 如图5-10选自2016年全国象棋甲级联赛董毓男对唐丹。

（1）仕四进五　车8进1

面对黑车捉炮，红方补右仕打车看似自然，实则落入了黑方的陷阱之中。应改走相七进九（如仕六进五，炮9进3，相五退三，车8进1，黑方占优），黑方如炮9进3，相五退三，车8进1，马六进八，马5进4，兵七进一，双方对攻，红方主动。

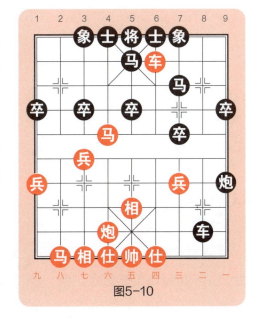

图5-10

（2）仕五退四　炮9进3
（3）帅五进一　马5进4

黑方送马入炮口是有勇有谋的一步好棋。

（4）相五退三　车8平7

红方为吃黑马主动弃相，造成难以挽回的局面。可马八进七（当然不能炮六进五，否则车8退1，车四退八，炮9退1，红方丢车），士4进5，车四退二，马4退3，车四平三，马7退9，红方局势无大碍。

（5）炮六进五　车7退1　　（6）帅五进一　马7进8

黑方子力蜂拥而上，红方后防门户洞开，虽多一子，却局势艰难了。

（7）炮六平九　马8进7　　（8）帅五平六　马7退5

（9）帅六平五　卒7进1　　（10）炮九退二　马5进7

（11）帅五平六　车7平2　　（12）炮九平三　车2退2

（13）帅六退一　车2平4　　（14）帅六平五　车4退2

黑方不吃红方底马，却利用叫杀之机吃掉红方高位马，老练异常。

（15）车四退五　马7进8　　（16）马八进七　车4平7

（17）炮三平五　象7进5　　（18）帅五平六　炮9退1

（19）仕六进五　车7进2

黑方主动兑车，赢来干净利落。至此红方如车四平三，马8退7，帅六退一，马7退5，红方丢炮。但若移车避兑，黑方又有车7平4的杀棋。红方遂主动认输。

六、背士象，忌炮攻

顺边士象（仕相）补起后，相对是比较安全的，但往往惧怕于炮的进攻。

例1　如图5-11是2014年象棋甲级联赛赵金成对刘奕达的中局片段，红方先行。实战中，红方利用双炮马巧妙攻击，在黑方看似坚固的左翼，找到了进取之路。

图5-11

（1）马七进六　炮2退1

红方先进马展开攻势，而不是按常理出车，是不想给黑方以后有兑车的机会，从而削弱自己的大势。

（2）马六进四　车1平2

（3）炮二进三　炮2平4　　（4）炮四平三　士5退4

红方平一步炮，准备马四进五硬踩中象，是常见的攻击手段。红方双炮对黑方"背士象"显示出巨大的威力。

（5）炮二进一　车2进5

红方再轻点一步炮，恰到好处。黑方无法补士，防守就更为艰难了。

（6）马四进二　车2平6　　（7）车九平八

红车此时再出，如虎添翼。以下黑方如炮4平1，兵三进一，车6进2，炮三进二，士6进5（补士不得已，红方下步准备兵三平四，黑方亦难应），炮二平九，马3退1，车八进八，马4退3，兵三平四，红方形成全控之势，黑方难逃一败。算清了这些变化，黑方选择了主动认负。

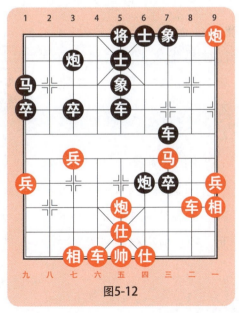

图5-12

例2 如图5-12是2014年象棋甲级联赛才溢对黄海林的实战中局，红方利用"天地炮"的巧妙攻势，一举突破了黑方王城。

（1）车二进五　炮6平2

红方进车瞄象，选点准确。黑方平炮勉强对攻，使局面难以收拾，不如炮6退

4,以下车六进八,炮6平7,虽然变化下去还是红方优势,但黑方要好于实战。

（2）**炮五进五**　士5进6

黑方如车5退1,车二平五,炮2进3,车五平九,黑方也不行。

（3）**车六进七**　马1退2
（4）**车二平四**　将5进1
（5）**车四进二**　象7进5　　（6）**车四平八**　车7退4
（7）**车八退六**　车7平9　　（8）**车八平六**　车9平3
（9）**前车进一**　将5退1　　（10）**后车平三**　炮3进4
（11）**车三平二**　炮3平5　　（12）**帅五平六**　象5退7
（13）**车二进六**　车5平7　　（14）**马三进二**　将5平6
（15）**车二退一**（黑方认输）

七、缺象惧炮攻

象（相）是重要的防守子力,一旦丢失,老将（帅）往往易受攻击。尤其是有炮参与的进攻,防守方常常防不胜防。

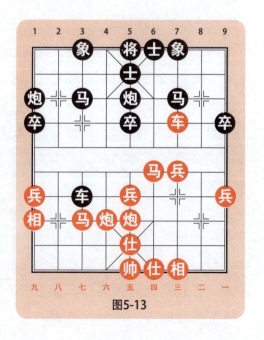

图5-13

例1　如图5-13是2014年全国象棋甲级联赛李少庚对庄玉庭弈完16回合后的局面,轮红方行棋。

（1）**车三进一**　炮5进4

（2）车三进二　象3进5

红方先吃黑马，黑方虽然可以先弃后取。但在转换过程中，红方可多吃黑方一象，占得了主动。

（3）车三退三　车3进1　　（4）帅五平六　车3退1

红方出帅解捉还捉，自然之手，使中炮活跃起来。

（5）炮五平二　炮5平8　　（6）兵三进一　车3平6

（7）马四进五　马3进2

黑方如马3进5，车三平五，象5进7，炮六平五，红优。黑方保留黑马不交换，对红方有所牵制，策略上还是明智的。

（8）炮六平五　车6平5　　（9）兵三平四　马2进3

（10）马五退四　车5平6　　（11）马四退二　车6平8

（12）车三平九　马3进5　　（13）相三进五　炮1平4

红方占优之后，采用兑子战术，下得简单实用。至此黑方不可车8进1吃炮，否则红方可车九进一，黑方士象必丢，红方又多双兵，黑方输定。

（14）炮二平三　车8平9　　（15）炮三进二　车9平5

（16）相九退七　卒9进1　　（17）兵九进一　卒9进1

（18）炮三进二　车5平4

红方调整好位置后，已形成胜势残局。

（19）帅六平五　车4退2　　（20）车九平四　卒9平8

（21）炮三平一　将5平4　　（22）炮一退一　车4进2

（23）车四平八　车4平9　　（24）炮一平二　将4平5

（25）炮二进四　象5退7　　（26）车八平三　车9退6

（27）车三平二　卒8平9　　（28）兵四平五　炮4进3

（29）车二退三　车9平4　　（30）兵五进一　车9平7

（31）兵五进一　车7平5　　（32）兵五进一　将5进1

（33）炮二平四　炮4平2　　（34）相五进七　炮2退3

（35）炮四退七　炮2平5　　（36）车二平三　车5平4
（37）相七退五　将5平4　　（38）车三平五　卒9平8
（39）仕五进六　卒8进1　　（40）仕四进五　卒8进1
（41）炮四进六　将4平5　　（42）炮四退二　卒8进1
（43）车五平三　将5平4　　（44）车三进五　炮5退1
（45）炮四平八　车4平9　　（46）帅五平六　车9进5
（47）相五退三　卒8平7　　（48）车三退七　车9退5
（49）炮八退五（黑方认负）

例2　如图5-14是一则实战中局，轮红方行棋。

图5-14

（1）车四进二　炮7进1
（2）马六进五　炮7平6

红方进车卡象腰捉炮，继而马踩中象，是当然之着。黑方也有自己的打算，平炮盖车，打算围住红马，擒而食之。

（3）车九平八　车8平4
（4）车八进八　卒7进1

红马近在眼前，黑方为何不退车吃死马，而改弦易辙走进卒呢？原来这正是红方精心准备的圈套。黑方如车4退3，则炮五平三，象7进9，炮三平二，炮6平8（如车4平5，炮二进七，象9退7，车八平五，车5退1，车四进一！红胜），马五进三，将5平4，仕四进五，红方大优！

（5）相一进三　车4平7　　（6）炮五平七　车7平4

红方充分利用黑方缺象的弱点，平炮助攻，使黑车疲于奔命。

黑方如车7平3，红方仍炮七进四，结果接近于实战。

（7）炮七进四　车3平4　　（8）马五进七　后车进1？？

黑方没注意到红方的妙杀。应前车退4，虽是劣势，不致速败。

（9）车八进一　士5退4　　（10）车八平六！　将5平4

（11）车四进一（红胜）

八、象眼谨防塞

象（相）对于象棋来说至关重要，双象（相）的连接在防守当中起着相当重要的作用。象眼一旦被塞住，双象（相）无法相互保护，对方就可以各个击破。防守的大门如若丢失，将（帅）就将不安于位。所以要时刻注意己方的象眼，并加以保护，不给对方可乘之机。

例1　如图5-15是2014年象棋甲级联赛许国义对刘子健的中局形势，轮黑方走棋。黑方在看似平淡的局面中，车塞象眼，找到了进取之路。

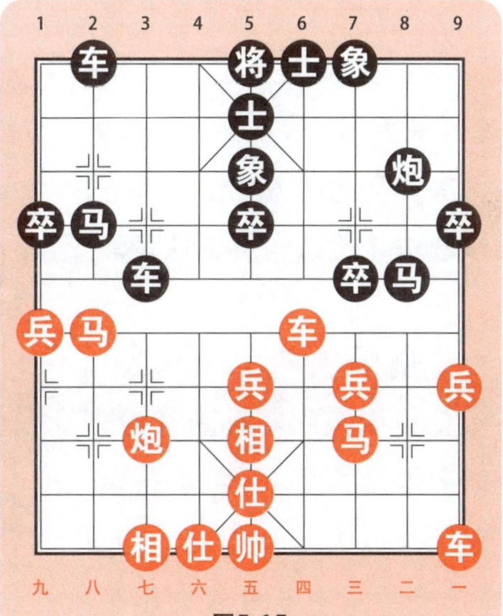

（1）…………　车4进4

象眼是红方目前最大的弱点，黑方及时进车卡住，对于将来进攻大有益处。

（2）炮七平六　马2进1

红方如炮七平八牵制，黑方可马2进4，马八进六（如炮八进七，马4进6，黑方占优），车2进7，马六进四，卒7进1，车四

图5-15

进一，马8退6，车四进一，车2平5，黑方大占优势。

（3）马八进六　马1进2

黑方不惧红方进马蹬双的威胁，入马窥视红方底相，准备弃子争先，弈来虎虎生风。

（4）马六进四　炮8平6　　（5）马四退二　马2进3

（6）炮六平七　车2进7

红方平一步炮也是不得已，如车二平七，马3退4，仕五进六（如车七平六，车4平5！黑方胜势），车4退1，红方亦难走。又如车二平六，炮6进2，马二进三，炮6平2，黑方攻势强大，红方仍不易抵挡。

（7）炮七进四　车2平5

红方如车四平七，黑方仍可炮6进2，红方还是不好办。

（8）马三退四　炮6进7　　（9）帅五平四　马3退4！

（10）炮七平六　车4平5！

红方如车三平六，车4进1！帅四进一（如仕五退六，车5平6，黑胜），车4平9，黑方优势。至此红方如仕六进五，车5进1绝杀，红方认输。

例2　如图5-16是2014年象棋甲级联赛孙勇征对刘明的中盘局面，轮红方行棋。盘面上双方子力相同，各过河一个兵卒，似乎实力相等。但其实双方各子占位，尤其是兵卒位置的区别还很大的。全国冠军孙勇征为我们演绎

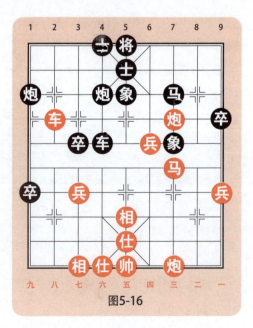

图5-16

了精妙的进攻方法，寥寥数手之后，红方就叩开了胜利之门。

（1）车八平四　象7退9

红方车塞象眼，黑方看似稳固的防线瞬间就支离破碎了！黑方也只好回象。

（2）兵四平五　车4进2　　（3）车四平九　炮1平3

红方"过门"清楚，平兵捉车，再分车吃炮，为红马进击做好准备。黑方如炮1平2，车九平八，炮2平1，马三进四，炮4退1，车八进一，黑方亦难下。

（4）马三进四　炮4退1　　（5）马四退六

黑方双象苦于无法相连，至此红方回马金枪，踩双得象。黑方看到大势已去，遂爽快推枰认负。

九、象勿乱飞

象（相）在实战中一般以底象（相）和中象（相）相联最为安全，如果不当的在两边飞开或是高飞，会使自己的阵形不协调，带来诸多不利。

例1　如图5-17，红方先行。

（1）炮三平五　象3进1

红方平中炮加强攻势，自然之着。黑方飞边象显得

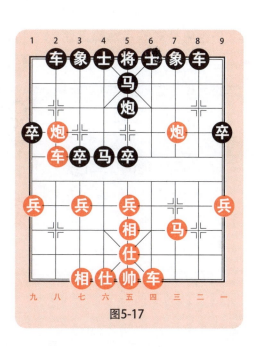

图5-17

有些随意，不如马4退3，炮八平七，车2平1，红方肯定占优，但黑方好于实战的下法。

（2）车四进七　象1退3

红方车点士角下得刁钻，黑方不得已再把象落回，亏了不少。如马4退3，帅五平四，象7进9，车四平五，红方得子。

（3）帅五平四　象7进9　　（4）兵七进一　马4退3

黑方如卒3进1，车八平六，车2进3，车六平五，红方下步准备车五平四绝杀，黑方还要车2平5弃车砍炮，子力也是相差悬殊。

（5）炮八平七　车2平1　　（6）炮五平三　马3进5
（7）车四退一　前马退3　　（8）车四进二　马3进5
（9）马三进四　车8进9　　（10）炮三退六　前马退7
（11）马四退三　车8平9　　（12）炮七平五

至此黑方几乎无子可动，红方则有多种攻击手段，黑方认负。

例2　如图5-18是2016年第七届"杨官璘"杯全国象棋公开赛女子组唐丹对陈幸琳的盘面，轮红方行棋。红方利用炮击边卒的定式下法，使黑方双象高飞，逐步夺取了主动。

图5-18

（1）炮九进四　车1平2
（2）炮九平八　车2平3
（3）炮八平三　象7进9
（4）车二平四　车4进6

红方此步平车占肋着法刁钻，不给黑方炮2进2打车的机会，红方有车四进二捉双。红方如车九平八，炮2进2，红方二路车无好位可占。此为布局的细微之处，读者不可不察。

（5）车九进二　马3进4　　（6）车九平八　炮2平4

（7）仕四进五　车4退1　　（8）车八进四　士4进5

（9）马三进四　马4进6

红方主动跳马邀兑是胸有成竹的下法，如车八平六，马4进5，车六退三，马5退6，红方不满意。

（10）车四退一　车4平3　　（11）炮五平三　前车进1

（12）相三进五　前车退1　　（13）车八平五

以上一段红方实施了一个先弃后取的计划，成功地解决了自己左侧弱马的负担。

（13）…………　炮5进4　　（14）车四进三　前车平4

（15）车四平三　将5平4

黑方只好出将避祸，如贸然炮4进7，红方车三平六胜定。

（16）帅五平四　车3进2　　（17）前炮平二　炮5平7

（18）炮二进三　象9退7　　（19）车三平五　车4平6

（20）帅四平五　将4进1　　（21）炮二退一　将4退1

（22）后车退三　车6平5

红方强行兑车好手，这样黑7路炮又成为红方牵制的对象。

（23）车五退四　炮4平7　　（24）兵三进一　后炮退1

（25）兵三进一　车3平8　　（26）炮二平一　车8平9

（27）兵三进一　车9退1　　（28）兵三进一　炮7退2

（29）车五平六　士5进4

黑方如将4平5，兵三平二，车9退1，兵二平一，车9平8，车六平二，黑方丢车。

（30）车六进四　将4平5　　（31）车六平九　士6进5

（32）车九平二　车9退1　　（33）车二退二　炮7进2

（34）车二平三　炮7平5　　（35）兵三平四（红胜）

第六章

将（帅）类实战技巧

一、高将多危

在棋局进行中，己方将（帅）大都在原位比较安全，如果将（帅）被迫离开原位，到达三路线（称"高将"或"高帅"），则处境比较危险，易被对方所利用。

例1 如图6-1是2014年象棋甲级联赛赵鑫鑫对卜凤波激战至18回合的形势，实战中红方见缝插针，抓住了机会。

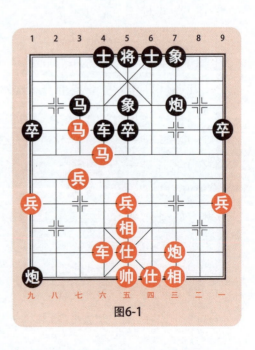

图6-1

（1）马六进四

红方经过缜密计算，弃子强攻。

（1）………… 车4平3

黑方接受弃子，以求一搏。如车4进5兑车，则炮三平六，炮1平2，炮六进五，炮2退8，马七进九，士4进5，兵七进一，炮2进2，马四进三，将5平4，兵五进一，黑方全面受制。

（2）马四进三　将5进1　　（3）炮三平二　炮7平8

（4）帅五平六

红方出帅，借用帅力助攻，是连续手段。

（4）………　将5平6　　（5）炮二平四

红炮守肋，为今后退马或上仕攻击黑将做准备。

（5）………　炮8平7　　（6）车六进七　士6进5

（7）车六退四

红车通过打将，位置进行调整。

（7）………　车3平2　　（8）兵七进一

红方不急于叫将，巧过七兵。

（8）………　士5进4

为避免车炮抽将，黑方扬士以求化解。

（9）车六进三

红方弃车精彩，一举突破黑方防线。黑方如炮7平4吃车，红方马三退四杀。

（9）………　炮1退1　　（10）仕五进四　炮7平6

（11）炮四进六　将6进1　　（12）车六平七

通过以上几个回合，红方不仅得回失子，并且破去黑方一士，红兵又已渡河。反观黑方将在高位，形势危急。

（12）………　车2平4　　（13）帅六平五　卒5进1

（14）兵七平六

红方献兵，一举获胜。如黑方车4进1吃兵，红方车七退三，将6退1，车七平四，将6平5，马三退四，黑方失车必败。

例2　如图6-2，黑方虽然少子，但位置很好，发动进攻的条件已经成熟。

(1)…… 炮9进5
(2)马四进二

红方如炮三平二,炮9进3,炮二退七,车2平5,后车平八,卒9进1,兵九进一,车5平6,车六进四,前车进1,车八平四,车6进2,仕六进五,卒5进1,黑方多卒占优。

图6-2

(2)…… 车6平8
(3)相五退三 车2平5

黑车避兑,底线捉相。

(4)仕六进五 车8进2

(5)前车平一 炮9退2

黑炮退回本方河界,今后有弃7卒架中炮的攻击线路。

(6)车六进三 车5平6

黑方不急于吃底相,如车8平7,车六平二,车7退1,炮三退一,车5平1,车二平五,车1平3,黑车5平6主要目的是围歼红炮。

(7)车六进二 车6退3 (8)帅五平六

红方出帅目的也是为了解救红炮,黑方如车6平7,红方可以炮三平四,弃炮杀黑方底士。

(8)…… 车8平7 (9)车一平二 炮9进5

黑炮投入进攻,红方被迫上帅。

(10)帅六进一 炮9退1 (11)帅六进一

红帅如退一,则车6进5,黑方有车吃仕或炮击中仕的棋,红方无法防御。

（11）………… 车6进3

针对红帅位置欠佳的弱点，黑方6路车顺利投入战场。

（12）炮三退一　车6平3　（13）车六平七　车7退3

（14）车七退三　车7平3

兑去一车后，红方仍然危机四伏。

（15）车二退一　炮9进1　（16）车二进五　卒5进1

黑卒投入战斗，与车炮配合势不可挡。

（17）炮三平一　卒5进1　（18）炮一进三　士5退6

（19）车二平六　士4进5　（20）炮一退三　卒5进1

（21）炮一平五　卒5平4　（22）帅六平五　车3进1

红方如仕五进六，车3退3，黑方胜定。

二、将忌暴露

将（帅）是军中之主，如果不安于位，往往就要受到威胁。所以在下棋当中，要尽量使将（帅）处于安全的位置，否则常常会遭到灭顶之灾。

例1 如图6-3是2014年象棋甲级联赛陶汉明对柳大华的中盘激战形势，轮黑方走棋。黑方抓住红方帅位不安的有利条件，各子紧密

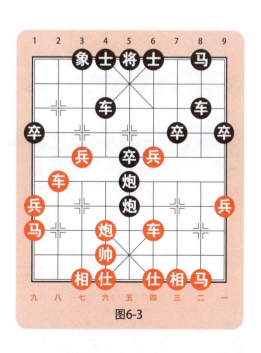

图6-3

配合，对红方帅府展开了猛烈的进攻。

（1）………… 车4进4

黑方先进车，立意抢攻，下法积极。如车8进7吃马，兵七平六，车4进2，兵四平五，车4平5，车四进二，黑方无便宜。

（2）兵四平五　后炮平4

红方可仕六进五先补一手较好。黑方如后炮平4，马九退七，车4平3，车八平六，车3进2，帅六退一，车3进1，帅六进一，虽仍为黑方占优，但在双方时间紧张的情况下，红方也不乏机会。

（3）马九退七　车4平3

红方退马踩车不得已，如再仕六进五，炮5退1，红方不好应。

（4）炮六平七　炮4退4

红方只好平炮挡车，如车八平六，车3进2杀！黑方争取到此步"炮回家"，优势就无可动摇了。

（5）马二进三　士4进5　　（6）车八平二　车8平2

（7）马七进九　车2进6　　（8）炮七退一　车3进2

至此红方主动认输，以下变化应是马九退七，车2平3，帅六进一，车3退1，帅六退一，车3平6，红方失子过多。

例2　如图6-4是2014年象棋甲级联赛武俊强对刘明的实战中局。在看似各有利弊的局面下，红方利用黑方老将暴露在外的弱点，充分加以利用。一举夺得了优势，并最终获胜。

（1）炮三退二　车6进3

红方退炮好棋！黑方如车6平5吃中兵，仕五进四，将6平5，车八平九，炮3进2，车九平七，炮3平2，炮三平二，车5平4，马三进二，红方攻势强大，黑方颇为难应。若接走车4平6，炮二平四！车6进2，马二进三，车6退6，炮五进二，士5退6，车七进二，车6平7，车七平三，象7进5，红优。

（2）炮三进六　马5退7

（3）仕五进四　车6平8

红方撑仕盖车，使黑车处于低位。而红车却道路通畅，优劣已自然分出。

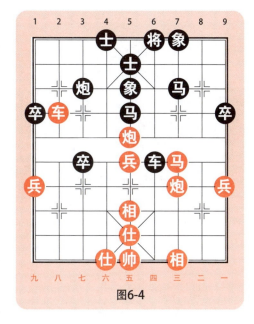

图6-4

（4）车八平四　士5进6

（5）车四平三　士6退5

（6）马三进四　车8退4

（7）马四退六　炮3平2　　（8）车三平四　士5进6

（9）马六进七　车8平6　　（10）车四平八　炮2平1

（11）车八平九　象5退3　　（12）仕六进五　卒3平4

（13）车九平六　士6退5　　（14）车六退二　车6退1

红方弈来丝丝入扣，转瞬之间已获得多双兵的胜势局面，以下着法从略。

三、将军大脱袍

指在进攻当中借助帅（将）力，飞相（象）露出帅（将）脸。

例1　如图6-5，红方多一中兵，形势明显占优，看如何运子扩先。

（1）兵五平六

红方平兵，意在谋象，同时开辟红马通路。

（1）………… 士5退6
（2）车二平六　炮2退3

黑方退炮打车,看红方应手。

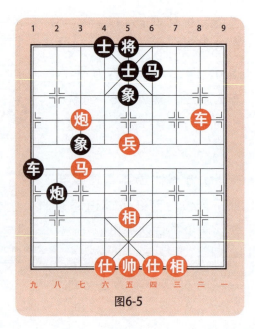

图6-5

（3）炮七进二　车1退4
（4）炮七退一　车1进1
（5）炮七进一　炮2退2
（6）车六平八　马6进4
（7）车八平七　炮2进8
（8）相五退七　车1进3
（9）相三进五　车1平2
（10）车七进一　马4退3
（11）兵六平七

黑方企图通过打车,兑炮,上马减轻红方对3路线的压力,红方不为所动,最终兵换双象。

（11）…………　象5进3　　（12）炮七退三　马3进1
（13）车七平五　士6进5　　（14）炮七平五　马1进2

黑方进马防止红方车五平八抽车。

（15）马七进六

红方接下来有马六进四,将5平6,炮五平四杀。

（15）…………　将5平6　　（16）炮五平四　车2平6
（17）车五平四　将6平5　　（18）车四退一

红方先手逃车,准备平炮将军抽车。

（18）…………　车6平2　　（19）相五进七

红方飞相拦车,将军大脱袍,借帅助攻,伏马六进四,将5平6,马四进二,将6平5,车四进三杀。黑方如马2退4,马六进四,马4退6，车四平一，红胜。

例2 如图6-6，红方已大占优势，看最后如何快速简明入局。

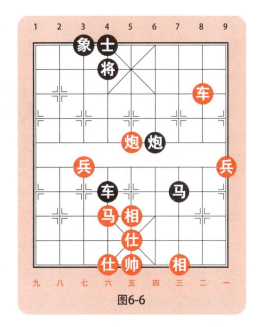

图6-6

（1）车二退四

红方退车，拴住黑方车马，缩小黑方子力活动范围。

（1）………… 象3进1
（2）兵一进一 炮6进1
（3）相五进三

红方飞相一着两用，一是限制黑马活动范围，二是发挥红马作用。黑马已陷入困境。

（3）………… 炮6平5　　（4）帅五平四 炮5平6
（5）帅四平五 炮6平5　　（6）帅五平四 炮5平6
（7）炮五平四 炮6平4　　（8）炮四平三

红方擒获黑马胜。

一般情况下仕相（士象）都属于防守子力，但在一些特定情况下，可以化腐朽为神奇，发挥其他子力的最大价值。

四、无事不动将

将（帅）乃三军主帅，应在原位为妥。如果轻易走到其他地方，容易被对方攻击，还是比较危险的。

例1 如图6-7是中炮进七兵对屏风马双炮过河布局当中出现过的局面。

图6-7

（1）兵五进一　炮6平4

红方弃车冲兵寻求猛烈的攻势，如若逃车，则丢失先手。

（2）兵五进一　士4进5

（3）兵五平六　士5进4

（4）车二进一　将5平4

红方高车寻求战机，是此盘面下常见的下法。黑方出将想逃避红方进攻，实际上是败着！应马7进6，局面不坏。

（5）车二平六　士6进5　（6）马七进八　象7进5

红方献外马打车是石破天惊的一步，黑方防线瞬间崩溃。黑方如车2进5，炮八平六，红胜。

（7）炮八进七　马3退2

至此红方大占优势。

例2 如图6-8，红先。

（1）帅五平四　车8进3

红方出帅看似自然，其实招致速败。应马七进八采取对攻，或许能够绝处逢生。以下车8进3，仕五退四，炮9平6（炮4平2，炮三退二，车8退3，兵七进一，车8平3，兵七平八，车3进1，红方渡过难关），马八进七，炮4退1，炮三退二，炮6退1（如炮6平4，帅五平六，马6退4，车五平六，将5平4，车六退三，炮4进7，帅六进一，红方乐观），炮三平四，炮6平9，双方互缠，各有顾忌。

（2）**帅四进一** 车8退1

（3）**帅四进一** 象5进7

红方如帅四退一，炮4进6，帅四平五，车8平7，炮三平四，炮4退2，红方不好应付。黑方高象腾出炮位，胜局已定。

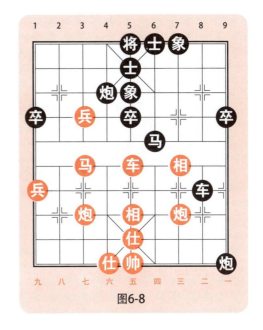
图6-8

（4）**车五进二** 炮4平6

至此红方只能车五平四，车8平7，相五退三（如炮三进三，车7平6！帅四退一，马6进7，黑胜），车7平6，帅四平五，马6进4，帅五平六，车6退5，黑方得车胜定。

第七章
子力配合类实战技巧

一、车马冷着

车马配合攻击将（帅），在象棋中经常可见。往往攻势锐利，令防守方防不胜防！

例1 如图7-1是2016年全国团体赛赵鑫鑫对阵崔岩的实战片段。黑方正准备先弃后取吃回失子，从而达到局面的均衡。红方抓住时机，炮击中象，抢先上手。

图7-1

（1）炮五进三　象7进5

红方死子活用，打象之后，双马活跃，形势占优。

（2）马五进六　炮2平9

（3）马六进八　士6进5

（4）马四进三　炮6退3

（5）马八进七　将5平6

（6）车八进三　炮9平5　　（7）车八平六　车5退1

红方运马如龙，快速进占好位。此步平车占肋，欲抢占卒林线。

（8）马三进二　将6进1　　（9）车六进二　炮6退1

（10）马七退五　车5平8

红方弃马破象，显现出"杀手"本色。黑方平车跟马不得已，如车5退1，马二退三，黑方失车。又如炮5退4，车六平三，黑方也难走。

（11）马二退四　将6进1　　（12）马五退四　车8平5

（13）车六退二　炮5退2　　（14）车六平四　将6退1

（15）马四进二　士5进6　　（16）马二进四

转换之后，红方车马冷着走得风生水起。至此黑方防线支离破碎，遂主动认输。

例2 如图7-2是笔者少年时执黑的一个中局，轮黑方走棋。

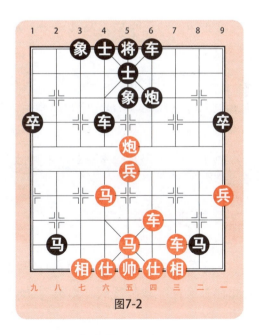

图7-2

（1）………　车4平6

黑方平肋献车，欺负红车不敢离位。

（2）马五进四　前车进3

红方只能送出窝心马，如车四平八，炮6平7，红方速溃。

（3）车四进一　马2退4

（4）车三平六　马4退6　　（5）车六平二　车6平7

黑方平车是保持攻势的关键之步。

（6）**炮五进一**　马6进7

红炮进一勉强，还是应相七进五，马6进7，帅五进一，车7进6，马六退八，红方尚可抵挡。黑方可走车7进9，仕六进五，车7退6，兵五进一，马6退5，马六进五，车7平5，黑方优势尚小。

（7）**帅五进一**　车7进3　　（8）**车二进八**　炮6退2

（9）**兵五进一**　马7退6　　（10）**帅五退一**　马6进4

红方下帅造成局势难以挽回，应帅五平六，马6退5，马六进五，车7平5，马五退七，红方尚可坚守。

（11）**帅五进一**　车7进5　　（12）**帅五进一**　车7退1

（13）**帅五退一**　马4退6

红方如马六退四，马4退2，仕六进五，车7退3，兵五平四，车7平6，炮五退二，车6平5，车二退六，炮6进6！车二平四，马2退4，帅五平六，马4进6，黑方得车。

（14）**帅五退一**　车7平4

黑方锁肋车好手，红方也正是漏算此手。

（15）**马六进四**　马6进7　　（16）**帅五进一**　车4平2

（17）**帅五平六**　车2进1　　（18）**帅六进一**　马7退6

（19）**帅六平五**　车2退1（黑胜）

二、二鬼拍门

指车或兵（卒）中任意两个棋子在对方九宫内塞住两个象眼，此种杀法往往攻势凌厉，令防守方防不胜防。

> **例1**　如图7-3选自实战，黑车正在邀兑卒林红车，力图化

解红方的攻势。

（1）车六进八　象3进1

红车塞象眼叫杀，阻断黑双象的连接，为双炮进攻创造有利条件，下得凶狠有力！

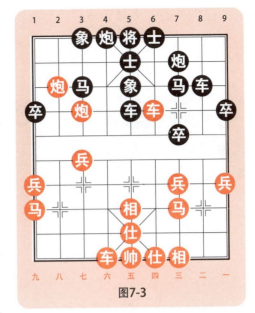

图7-3

（2）车四进二　马7进8

红方另一只车再进象眼捉炮，可谓凶着连连，黑方只好跳马用8路车看住中象，不能车5平3，否则炮八平五，红方速胜。

（3）兵七进一　炮7进1

当然不可象1进3，否则炮八进二，马3退2，炮七进三闷杀。

（4）车六平七　马8进7

红方平车扣马，保持炮八进二的威胁，黑方双象均不敢飞兵，无好棋可下，只好以马踏兵寻求对攻。

（5）马九进七　象1退3

红方把闲置的边马也投入战斗，红势大涨。

（6）马七进八　马7进5

黑方不愿苦守，马蹬中相做最后一搏。

（7）相三进五　炮7进5　　（8）车七平六　象3进1

面对黑方准备车杀中相的反戈一击，红方车再回象眼叫杀，牢牢掌握着主动权。

（9）马八进七　车5进4　　（10）炮八进二　象1退3

（11）炮七进三　炮4平2　　（12）车六进一

红方杀着连发捷足先登，红胜。

例2 如图7-4选自已故象棋大师臧如意执黑于全国比赛当中的一盘实战中局，黑方先行。

图7-4

（1）………… 卒5进1

针对红方移开中炮准备攻击黑方7路线，并在中路补起仕相的打算，黑方果断冲起中卒，寓意强攻红方中线，体现出臧大师大刀阔斧的棋艺风格。

（2）仕四进五 车8进8

黑方点车下二路凶狠，完全不顾红方三路线可能发起的攻势。

（3）马四进三 车8平6

红方如兵三进一，马3进5，兵三进一，卒5进1，成乱战之势。黑车卡肋成二鬼拍门之势，黑方弃子抢攻。

（4）马三进一　象7进9　　（5）炮三进五　马3进5
（6）炮三进一　卒5进1　　（7）兵五进一　马5进4
（8）车一进二　士6进5

黑方补一手士准备出将助攻。

（9）车一平四　马4进3

红方兑车败着，应炮三退二，车6退5，车一平六，车4退1，炮九平六，马4进3，炮三进二，红方无碍。现在黑马吃马叫杀，红方苦不堪言。

（10）车四平六　将5平6

红方如车四平七，将5平6，黑方胜定。

（11）车六平四　车6退1　　（12）炮九平四　车4进1（黑胜）

三、三车闹士，神医难治

指两只车和一个兵（卒）对对方九宫及士（仕）的进攻，因兵（卒）逼近九宫后，其威力与车相等，故称为三车闹士。这种杀法威力十足，防守方不好抵御。

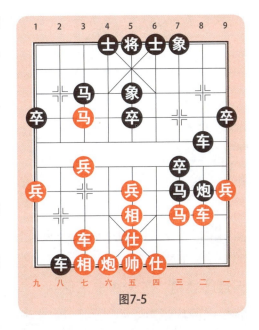

图7-5

例1　如图7-5选自实战，面对红炮打车的威胁，黑方没有简单逃跑，而是采取了更为积极的下法。

（1）…………　马7进5

黑方弃马踩相叫杀，红方无暇顾及吃黑车了。

（2）相七进五　卒7进1

黑方冲卒是马踩相之后的连续动作。

（3）马七退六　马3进4

红方如马三退二，炮8进3，车二退二，车8进5，黑方多子占优。

（4）相五退七　车2退2　　（5）炮六进五　车2平7

（6）车二进一　卒7平8　　（7）炮六平四　车7退2

（8）车七平六　车7平6　　（9）帅五平六　士6进5
（10）马六进五　车6平3

黑方平车杀卒正确，如车6退1，马五进三捉双车，和势甚浓。

（11）相七进九　车3平1　　（12）炮四退三　车1进2
（13）帅六平五　车8平5　　（14）车六进五　车1进2
（15）仕五退六　车5进2　　（16）仕四进五　车1退2
（17）炮四退二　车5退2　　（18）车六平八　卒8进1
（19）马五进七　卒1进1　　（20）马七进九　车1平3
（21）车八平一　卒8平7　　（22）马九退八　车5平3

黑方双车联手，寓意兑车。

（23）车一退二　后车退1　　（24）车一平八　卒7进1

目前形势，黑卒无人阻挡，成典型的三车闹士的棋形，红方遂推枰认输。

例2 如图7-6选自2008年全国个人赛女子组陈丽淳对唐丹的中局。目前形势红方多子，但后防缺相，黑方双车卒拥有很强的攻击力。

图7-6

（1）………　卒6平5

黑卒捉马，借机再破去红方孤相，应走的着法。

（2）马六进七　卒5进1

黑方进一步卒，准备以卒撞相，保留车7进2吃红底马的棋，比直接车7平5吃相细腻。

（3）车八退一　车7平5

红车退一盯卒也是煞费苦心。黑方如卒5进1，马三进一，车7平8，马一进二，仰仗车力红马可盘旋而出。

（4）仕四进五　车5平3　　（5）兵五进一　车3退2

（6）车八进三　卒5进1

黑卒冲下先贴住红仕，准备随时破之，三车闹士已成模样了。

（7）马三进二　车2平4　　（8）炮八平七　车3平8

（9）马二进四　车8进4　　（10）仕五退四　车8退3

（11）马四进六　车8平4

黑方平车锁肋，牵制红方六路马，为高象挡马做好准备。

（12）炮七平八　象5进3

黑方高象扣马突破红方防线，红方难应了。

（13）炮八进二　后车进5　　（14）仕四进五　卒5进1

（15）仕六进五　后车平3　　（16）车八退六　车4平8

（17）仕五退四　车3平5（黑胜）

四、单车寡炮不成棋

指以车炮两个子攻击对方一翼的底线，如果对方防守得当，车炮方很难出棋。因此常常还需要第三个大子帮助车炮进攻，形成三子攻击的形势，才会有棋。

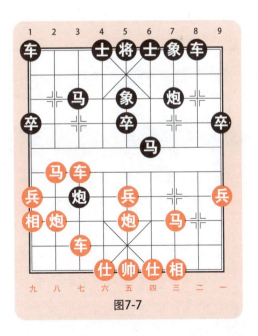

图7-7

例1　如图7-7是2016年个人赛乙组最后一轮比赛，

由小将田菏对潘振波。在此争夺进64名的关键比赛中,小将敢打敢拼,毅然接受黑方弃子,一场攻守大战由此展开。

（1）后车进二　炮7进7

红方之所以敢吃黑炮,也是算定黑方单车寡炮不成棋。

（2）仕四进五

黑方如马6进7,后车退一,炮7平9,前车进三,车8进9,仕五退四,车8平7,炮五进四,士6进5,炮八退一！黑方仍然难有作为。

（2）……　炮7平9　（3）前车平四　车8进9

红车锁住肋道,使黑马无从发力。

（4）仕五退四　车8平7　（5）帅五进一　马6进4

（6）炮五平六　马3进2

红方当然不可车四平六,否则车7退1,黑胜。

（7）帅五平六　卒1进1

黑方到此没有攻击手段,进攻处于停滞状态,只好以等着过渡。

（8）车七进一　马4进3　（9）车七退二　车7退2

（10）仕六进五　车7退3

红方先补仕细腻,如炮八进三,炮9退1,黑方还有些骚扰。

（11）炮六平五　士4进5　（12）炮八进三　车7平2

（13）炮五进四　车1平4　（14）车七平六　车4进7

（15）仕五进六　车2退1　（16）炮五平七　炮9退1

至此红方多子胜定,黑方认输。

例2　如图7-8,黑先,面对红方兵三进一的威胁,黑方顺势跃马出击,展开强有力的反击。

（1）………… 马7进6

黑方跳马河头，必走之着。

（2）兵三进一　马6进7

（3）兵五进一　马7退5

红方弃中兵露车捉马有些急躁，可仕五退六，双方互缠。

（4）兵三平四　马2进1

黑马入边窥视卧槽，但似不如马2退3实惠。

（5）炮三退一　车2进7

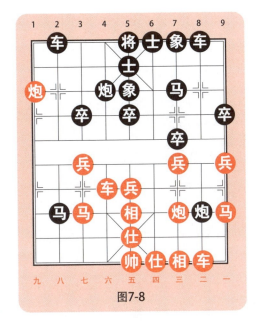

图7-8

（6）炮九退三　马5进4　（7）仕五进六　马1退3

（8）帅五进一　车2平3　（9）车六平八　炮8进1

红方可车六平九，不给黑方车3平1捉炮的机会，则局势还尚无大碍。

（10）炮三平七　车3进1　（11）帅五退一　车3平1

黑方利用先手捉红边炮，造成红方帅位不稳，黑方优势逐渐明显。

（12）车八进六　炮4退2　（13）炮九进五　车1进1

（14）相五退七　车1平3

红方弃相不得已，如帅五进一，车8进7，相五进三（如帅五平四，车8平6！帅四平五，象5退3，车八平七，车6进2，黑方胜势），象5退3，车八平七，车8平7，红方难应。

（15）帅五进一　象5退3

黑方落象打车不让红方有抽子的机会，为自己在进攻中争得一先。

（16）车八平七　车8进6

黑方也可直接车8进7。

（17）相三进五　车3平1　　（18）车七平八　车8进1

（19）相五进三　象7进5　　（20）帅五平四　车1退3

（21）兵四进一　象5退3

黑方再度弃象，又为自己抢到一个先机，弈来饶有趣味。

（22）车八平七　车1平6　　（23）帅四平五　车6平5

（24）帅五平四　车5平6　　（25）帅四平五　车6平5

（26）帅五平四　车5平6　　（27）帅四平五　车8平4

（28）车七退三　炮4进3　　（29）车七进三　士5退4

（30）车七退二　士4进5　　（31）帅五退一　车4进1

至此红方认输。

五、插上铁门栓老帅受煎熬

指炮立中后，车帅兵在肋道对对方老将的攻击，像铁做的门塞子一样。

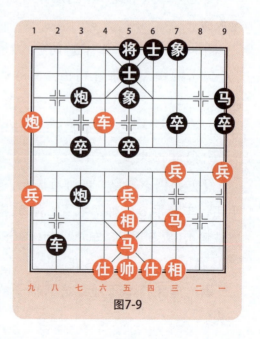

图7-9

例1　如图7-9是激战至16回合的实战中局，面对黑方有车2平4的威胁，红方从容应对，并最终通过弃子，夺取了胜利。

（1）马五退七　车2平7

（2）马三进四　卒5进1

（3）兵五进一　前炮平5　　（4）仕六进五　车7退3

（5）车六退三

黑方弃卒、中炮叫将、退车吃兵均在计划之中。

（5）………　车7平6　　（6）车六平五　炮3进7

黑方炮击底马，意在换子求和，红方如相五退七，车6退2捉炮，和棋不难。

（7）炮九平五

红方不吃黑炮，抢先镇上中炮，下一步车五平八杀棋，黑方顿感压力倍增。

（7）………　车6退1　　（8）车五平六

红方平车选位准确，如随手走兵五进一，车6进1，车五平八，车6平4，相五退七，卒7进1，红方取胜还需一些周折。

（8）………　车6退1　　（9）兵五进一　炮3退4

（10）帅五平六　车6平5

为解铁门栓杀棋，黑方忍痛弃车砍炮。

（11）兵五进一（黑方认负）

例2　如图7-10选自实战，红方借先行之利，利用己方良好的子力位置，向黑方发起了猛攻。

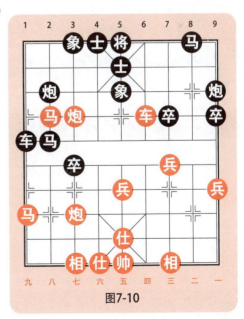

图7-10

（1）前炮平五　象3进1

红方扣中炮，伏有炮击底象的"天地炮"杀法。黑方飞边象也是无奈之举，如改走卒3平4，马九进七，卒4平3，马七进五，卒3平4，车四平三，将5平6，车三平四，马8进6，马五进三，红方大优。又如车1退4，帅五平四，炮9平6，炮七平四，马2进4，炮四进五，马4退5，炮四平八，车1平2，车四平五，车2进2，马八退七，红方净多一子占优。

（2）**帅五平四** **炮9平6**

黑方只能如此，当然不能马8进7，否则马八进六，红胜。

（3）**炮七平四** **炮6平7**

黑方只好平炮，如炮6进5，则马八进六，红胜。又如马2进4，炮四进五，也是红方优势。前文已有点评，这里不再重复了。

（4）**车四平三** **将5平6**

红方平车的攻击方案也属优势。但更精妙的下法是马八进六！炮6平4，炮四平二，马8进7，炮二进七！红胜。黑方出将造成速败，顽强的走法是马2进4，马八进六，将5平6，车三平四，马8进6，车四平一，马6进7，炮五平四，马4进6，演变下去也是红方优势无疑，但黑方可多抵挡一阵。

（5）**车三平四** **将6平5** （6）**马八进六** **炮7平4**

（7）**炮四平三** **马8进7** （8）**炮三进五** **炮4平7**

（9）**车四进三**（红胜）

六、大刀剜心，老将抽筋

车对对方花心点的进攻叫作大刀剜心，是一种凌厉的攻击手段。

例1 如图7-11是2014年象棋甲级联赛，许银川对刘奕达的中局形势，双方均为车马炮，红方仅多一过河兵。实战中红方发挥出细腻的棋艺风格，获得了最后的胜利。

（1）车四平六　炮4平5

（2）帅五平六　马8进6

红方占肋累车，出帅，为进攻做好准备。

（3）马四进五　车8平6

（4）车六进一　车6进1

红车进一细致，如直接兵三进一，马6进7，黑方有望透松。黑车进一防止红方马五进六跳将抽车也属无奈，如将5平6，炮五平四，黑方也有问题。

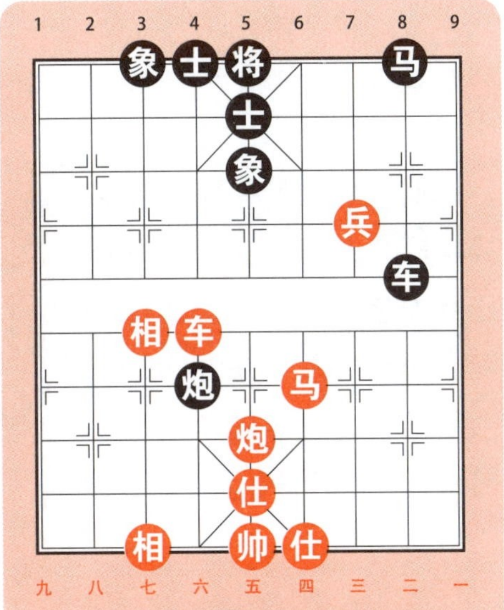

图7-11

（5）车六退二　炮5退1　　（6）车六进三　马6进8

（7）马五进七　车6进1　　（8）兵三进一　马8进7

（9）兵三进一　车6平5　　（10）马七进八　马7退8

就在黑方准备平中车兑炮求和之际，红方却视而不见，进外肋马盯住黑方士角。黑方马进而复退，也是没有办法，如炮5进2换炮，红方兵三平四，伏有车六进三，再马八退六的杀法，黑方将无法解救。

（11）炮五平九　车5平2　　（12）马八退七　马8进7

黑方再度跳出8路马，导致红兵靠近，后防失守。不如车2平6守住肋门，准备退车兑车顽强一些。

（13）兵三平四　马7进6　　（14）兵四平五

黑方急于跃马而出，是想以攻代守。但棋输一着，没注意红兵撞中士后，成典型的剜心杀法。至此黑方主动认输。若续走士4进5，炮九进七，车2退6，马七进九，车2平1，马九进七，将5平6，车六平四，红胜。又如将5进1，车六进二，将5退1，车六进一，将5进1，车六退一，将5退1，炮九进七，象3进1，马七进九，也是绝杀之势。

例2 如图7-12来自实战，轮红方行棋。红方后防已经告急，黑方再走7路车沉底即可成杀。红方此时必须利用己方进攻棋子抢攻在前，方可捷足先登。

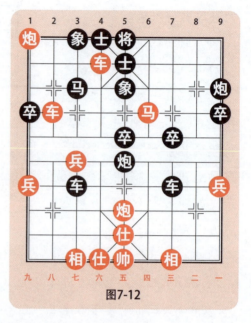

图7-12

（1）车六平五

红方弃车砍士，大刀剜心。可谓石破天惊！

（1）………… 将5平6

黑方只好出将避难，如马3退5，马四进三，将5平6，车八平四，红胜。

（2）车五进一　将6进1

红方再度弃车，精妙绝伦！黑方如将6平5，马四进三，将5进1（如将5平6，车八平四，红方杀棋），车八进二，红胜。

（3）马四进二　将6进1　　（4）车八平四　（红胜）

七、三子归边，将帅喊天

三子归边是指用三个强子进攻对方一侧，尤其是车马炮的联合攻势，其火力猛烈，防守方往往不好应付。

例1 如图7-13出自实战中局。黑方凭借先行之利，炮击底相，形成三子归边之势，展开了对红方帅府的冲击。

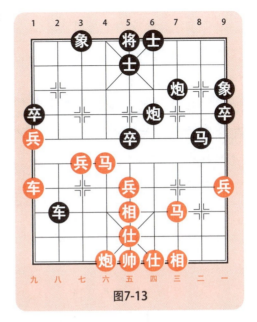

图7-13

（1）…………　炮7进7
（2）相五退三　车2平7
（3）车九平八　炮6平7
（4）仕五进四　炮7进6

红方支仕解杀正确。如误走相三进五，则车7平5绝杀！

（5）仕四进五　马8进9
（6）兵九进一　马9退7

红方如炮六平三，车7进2，仕五退四，车7退4，红方残局也是异常艰苦。

（7）炮六进二　车7退1　　（8）车八进六　士5退4
（9）车八平七　士6进5　　（10）马六进四　车7平8

红方看到单纯防守已无可能，亦在积极寻求对攻机会。此步红方如炮六平八，车7平5，炮八进七，马6进8，帅五平四，马6进8，帅四平五，士5进4，还是黑方厉害。

（11）炮六平八　车8进3　　（12）仕五进六　炮7退2
（13）帅五进一　车8平2　　（14）炮八进七　车2退1
（15）帅五退一　马7进6　　（16）帅五平四　炮7退2
（17）马四退二　炮7平6　　（18）马二退四　炮6退4
（19）炮八平九　马6进7　　（20）马四进五　士5进6

至此红方丢马认负。

例2 如图7-14选自实战对局,黑方先行。面对红炮打车,黑方果断弃车砍炮,形成一车换二的交换,从而在红方右翼底线撕开一条裂缝,形成三子归边之势。

图7-14

（1）………… 车4进2
（2）车七平六 车7进6
（3）前车平七 车7进2
（4）炮六平七 马8进7
（5）车六平二 马7进6

黑方主动弃子取势。红方如炮七进五吃马,马7进5,车六进二,马5进7,仕六进五,炮8进7,帅五平六,车7平6,帅六进一,车6平5,仕五进四（如车七平五,车5平3,红方败势）,马7进6,黑方胜势。

（6）车二平四 炮8进7　（7）帅五进一 马6退4
（8）炮七平六 马3进2

黑方可马3进4,将来马路更宽。

（9）车七平二 炮8平9　（10）车四平二 马4退5
（11）兵五进一 马5退7　（12）前车退一 车7退4

红方应相七进五,马7进8（如车7平6,后车退一兑死车,黑方攻势被瓦解）,相五退三,马8进6,炮六平四,马6退7,虽然黑势仍然乐观,但毕竟兑掉一车,红方的压力要减轻不少。

（13）车二平五 车7退1　（14）车二退一 炮9退1
（15）帅五退一 车7平3　（16）车二进六 马7进6

黑方平3路车威胁红七路相，计划在红方左翼组织新的三子归边，但有些华而不实，不如走卒5进1扎实。红方本回合可走仕四进五，黑方如车3进5，红方再车二进六，黑7路马将有问题。

（17）**车五平四** 马6退8　　（18）**车二平五** 炮9进1

红方贪吃中卒，造成局面恶化。不如仕四进五补一手，坚守待变较好。

（19）**仕四进五** 仕3平7　　（20）**仕五进四** 车7进5
（21）**帅五进一** 车7退1　　（22）**帅五退一** 马8进7
（23）**车五平八** 马7进8

红方不敢车五平三，否则马7进9，车三退五，马9进7，帅五平四，马7退6，红方丢车。

（24）**炮六退一** 车7平4

红方如车八退一，车7进1，帅五进一，车7平4，炮六进三，车4平3，红方难于防守。

（25）**仕四退五** 车4退4　　（26）**车四平二** 车3平7
（27）**车八进三** 士5退4　　（28）**车二退三** 车7退5
（29）**仕五退四** 马2进3　　（30）**仕六进五** 马3退5

红方防守还是走得很顽强，采用先弃后取躲开了黑方的杀手。但局势依然较为艰难，此步红方如兵五进一保留中兵，黑方可马3退5，仕六进五，马5进7，红方有失车之虑。至此黑方掌控全局，并最终获胜，以下着法从略。

八、天地炮响，神兵难挡

一方两个炮分别从中路，底线两个方向进行攻击，威力极大，被形象地称为"天地炮"。

例1 如图7-15。

（1）炮五进四

红方炮击中卒，抢得先手。

（1）……… 马2进3

（2）车三退一 马3进2

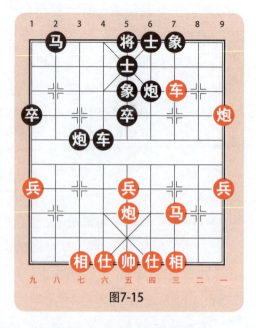

图7-15

黑马跃出，有点轻视了红方潜在的攻击力量。可以考虑走炮6平7，车三进一，马3进5，车三退三，马5进4，仕四进五，马4进2，帅五平四，车4平6，车三平四，车6平7，黑方求和不难。

（3）相三进五 炮3进3 （4）马三进四 车4平6

（5）马四退六

红马以退为进，灵巧。

（5）……… 炮3退1 （6）兵五进一 炮3平9

（7）炮五退一

红方退炮好棋，隔断黑方沿河车马之间的联系，黑方右翼空虚的弱点显现无疑。

（7）……… 炮9进3 （8）仕四进五 车6平8

（9）仕五进六

红方扬仕化解了黑方的攻势。

（9）……… 马2退3

黑马进攻无门，只得原路返回。

（10）炮一进三

一路炮沉底，加之原有的中炮，红方攻势大增。

（10）………… 将5平4　（11）车三平六　将4平5

（12）车六平四　炮9退3

黑方退炮误算，还是应走将5平4，红方马六进八后，战线还比较漫长。

（13）车四进一　车8平5

黑方如改走炮9平5，帅五平四，车8平5，马六进五，士5进6，马五进四，将5进1，马四退二，红方优势。

（14）车四退四

红方退车巧手，得子胜定。

（14）………… 车5进1　（15）车四平一　卒1进1

（16）马六退八　车5平8　（17）仕六退五（红胜）

例2 如图7-16，双方处于复杂的中局阶段，黑方少子，但黑马卧槽，红帅外出，黑方进炮后蹩马腿，欲吃红炮，对红方而言是严峻的考验。

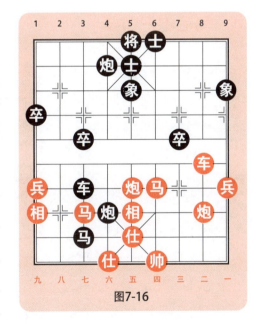

图7-16

（1）炮二进一

正着，弃还一子，红方如误走炮二平六，则正中黑方下怀，车3平5，马四退三，车5平3，炮六进四，车3进1，炮六平七，车3平1，炮七退五，车1进1，车二平六，车1平3，车六进四，车3退2，车六退二，车3平1，黑方和棋有望。

（1）……　　车3进1　　（2）车二平四

红车占肋，为二路炮的攻击让开道路。如仕五进六吃炮，则车3平4，车二平五，车4进2，帅四进一，车4退1，帅四退一，车4平8，红方取胜还颇费周折。

（2）……　　将5平4　　（3）炮二进六

黑方如象9退7，红方则炮五进五强吃中士。

（3）……　　象5退7　　（4）车四平八　　后炮进1
（5）车八进五　　将4进1　　（6）炮五平六　　后炮平6
（7）马四进六　　士5进4　　（8）马六进五　　将4平5
（9）车八平四

红车吃士捉炮叫杀，黑方无力回天，认负。此局红方不吃黑子，入局简明，值得广大棋友学习和借鉴。

九、马后炮把命要

用马控制住对方将（帅），炮在马后做杀称为马后炮杀。这种马与炮配合的杀法，实战中随处可见，攻击之时威力较大。

例1 如图7-17，红方跳边马欠佳，给己方阵形留下隐患，可马五退七，卒3进1，炮五平七，马3进4，炮二平五，马4进5，炮七退一，将5平6，车八进三，

图7-17

炮8进4，车八平六，红方有攻势。

（1）炮五进四　马8进7　　（2）炮五退一　炮8进4

黑方跳马捉炮，继而进炮瞄中兵，迅速进入反击状态。

（3）车八进三　车6进5　　（4）炮二平五　车6平5

（5）车八平五　炮8平5　　（6）车一平二　车9平6

（7）车二进七　马7进5

红方还是车二进四较好，阻止黑马参战。

（8）兵一进一　车6进4　　（9）前炮退一　将5平6

黑方开始做杀，红方难以支撑了。

（10）帅五平六　马5进4　　（11）后炮平四　车6进3

黑方弃车吃炮精彩！

（12）仕五进四　炮3平4　　（13）帅六平五　马4进5

（14）仕四进五　马5进3

至此红方认负，如帅五平六，炮5平4，黑胜。又如帅五平四，炮5平6，黑胜。

例2　如图7-18选自少年棋手的对局，红方先行。

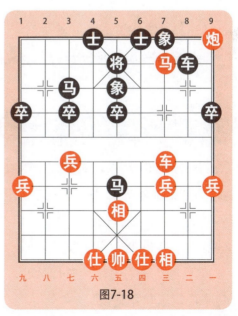

图7-18

（1）马三退四　将5退1

红方退马叫将是灵活的下法，调整车马的位置，为做杀创造条件。黑方应走将5平6顽强些，以下车三进五，士6进5，红方优势，黑方还可抗衡。

（2）车三进四　车8退1

红方进车兑车好棋，黑方不能车8平7，否则马四进三，将5进1，炮一退一，红胜。又如黑方车8进2，车三平四，士4进5，马四进三，车8退2，车四进一！红胜。

（3）车三平七　士4进5　　（4）马四进三　将5平4

（5）车七退一

至此红方多子胜势。

十、沿河十八打，皇帝拉下马

指炮在巡河一线与其他子力配合攻击对方，其势往往大开大合，防守方疲于奔命难以应付。

例1 如图7-19选自闫文清执红的一盘实战。

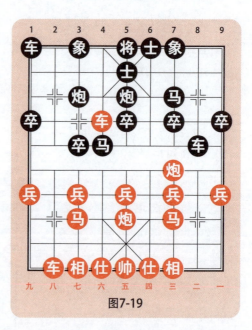

图7-19

（1）车六平五　卒7进1

红车杀中卒，着法有力，强行打通黑方卒林线。

（2）炮三平九　象3进1

（3）车五平九　炮3进4

黑方炮击七兵，冒进之步，造成局势一蹶不振。可马4进3，炮五进五，象7进5，车八进七，马3退1，车八平七，马1进3，车七平五，车8进3，黑方少象，但红方双马不活，黑势不弱。

（4）兵三进一　马7进6

红方送三兵好棋，破坏了黑方炮3平7的反击点，以后前沿的车炮可尽情闪击。黑方如卒7进1，车九平三，黑方要丢子。黑方车1平3更好，车九平三，车8退2，兵三进一，卒3进1，虽然整体仍是红方优势，但黑方比实战要好很多。

（5）车九平三　车1平4　　（6）兵三进一　马6进4

黑方无奈之下，只好弃车抢攻，希望能有所补偿。

（7）兵三平二　前马进3　　（8）炮九平三　象7进9

（9）炮三平六　炮5平4

红方巡河炮忽左忽右，尽得桔中三味。

（10）炮六进三　马3进2　　（11）炮六平二

红炮再度右调，黑方无法防守左翼空门，遂主动推枰认负。

例2　如图7-20是第三届全国智运会赵鑫鑫对王跃飞开局5回合的局面。

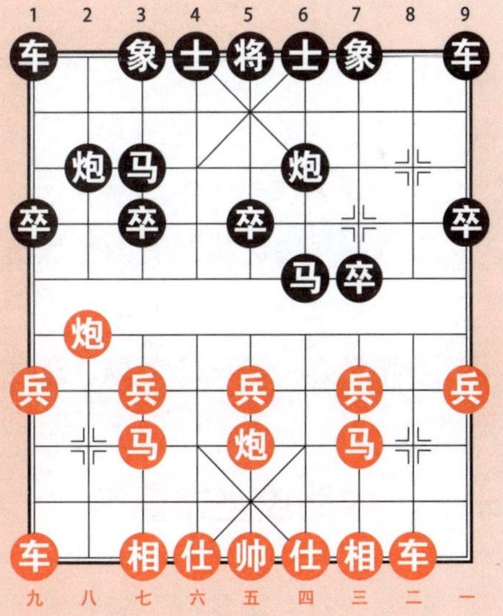

（1）炮八平一　炮6平9

红方以较为少见的巡河炮布阵，此手边炮击车扰乱敌营，兼亮出左车，攻势甚猛。

（2）车九平八　炮2平1

面对红方车八进七砍炮的先手，黑方只好平边炮躲避。如车1平2，炮1平7，象3进5，炮七进三，炮9平3，车八进四，红方拉住黑无根车炮，明显有利。

图7-20

（3）炮一平七　象7进5　　（4）车二进四　马6进7

红方车至河口老练，攻守两利。

（5）炮五退一　卒3进1

红炮退一步，保留中炮是自然之着。黑方冲三卒捉炮急于摆脱，反使盘面继续恶化。不如士6进5，炮七进三，炮9平3，炮五进五，马7退6，兵七进一，车1进1，红方占优，但黑方好于实战。

（6）炮七进三　炮9平3　　（7）炮五进五　士6进5

（8）车八进五　炮3平4

红方进车骑河选点准确。

（9）车八进二　炮4进1

敌变而我变，红方如走车八平七，车1平2，车七平三，车2进3，炮五退一，车2平5，黑方局面可透松。

（10）车二平六　马7退6

黑方只好退马看炮，如炮4平3，车八平六，将5平6，前车进二，将6进1（如士5退4，车六平四，红胜），前车退一，红方胜定。

（11）车六进一　车9平6　　（12）兵五进一　卒7进1

红方中兵冲起雄劲有力，黑方要丢子了。

（13）兵五进一　马6退7

至此黑方失子已成定局，遂主动推枰认输。

十一、中路攻坚靠叠炮，一杯不醉两杯醉

指进攻对方中路时，两个炮重叠在一起，威力倍增。好像喝酒一样，两杯比一杯容易醉。

例1　如图7-21出自实战，面对黑车捉双的威胁，红方巧妙

运用己方双炮镇中的有利条件，突发妙手弃车抢攻，一举获得了大优的局面。

图7-21

（1）前炮退二　车4平3

红方前炮退两步，强行弃车。可谓冷着惊人！黑方思忖良久，未敢贸然吃车，而是选择了以车砍马，反弃一车的顽强下法，还是明智的。如车4平7，马七进五！象7进5，后炮进四，红胜。

（2）车三平七　卒3平4　　（3）兵三进一　车2退4

红方再次弃炮，强过三兵，是获取优势的关键着法。如示弱而走后炮平四，车2退4，黑方争得抗衡局面。

（4）前炮平七　卒4平5　　（5）马三进五　象5进7

（6）马五进六

至此红方通过连续弃子，全面掌控了局面。

例2　如图7-22是2014年象棋甲级联赛孙勇征对程吉俊的中局形势。实战中红方利用先走之机，在中路摆出叠炮，获取了主动权。

（1）炮八退一　炮9进4

红方八路炮退一步，准备再放头炮，加强中路连环马的稳固，防止黑方车2进6的骚扰，是步一着多用的好棋。

（2）炮八平五　炮9平7

（3）兵五进一　炮5平7

面对黑方平炮打死车的威胁，红方义无反顾冲中兵猛击黑方中路，构思了一个无车杀有车的精妙变化！

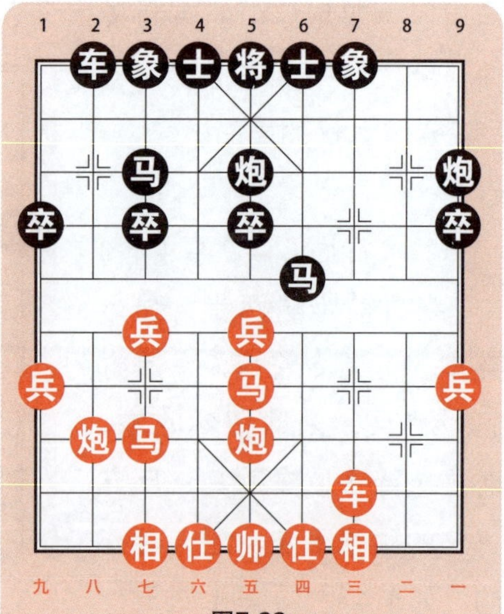

（4）马五进四　后炮进6
（5）兵五进一　士4进5
（6）马四退三　车2进6
（7）兵五平六　象3进5
（8）马七进五　车2平4
（9）马五进四

图7-22

至此虽然黑方还拥有车马炮，红方已无车，但黑方3路马被红方封住，红方各子占位俱佳，所以局面上红优无疑。

（9）……………　炮7平9　　（10）马三进五　炮9退2
（11）兵六平七　马3退2　　（12）后兵进一　卒1进1
（13）马四进二　炮9平5

面对红马卧槽的威胁，黑方只得再交换一炮，以解燃眉之急。

（14）后炮进二　车4平5　　（15）马五进六　马2进4
（16）仕四进五　车5平7　　（17）相三进一　车7退3
（18）马二退三　车7平5　　（19）马六进七　车5平2

黑方不可象5进3去兵，否则红方兵七平六，车5进2，兵六进一，吃死黑马，红方也是完胜之势。

（20）前兵平六　将5平4　　（21）兵七进一　象5进7
（22）炮五平六　车5平4　　（23）相七进五

至此红方完全控制了局势，最终获得了胜利，以下着法从略。

十二、卒坐宫心，老帅发昏

卒（兵）占住对方九宫花心，控制住帅（将），使其无法动弹，防守方一般凶多吉少。

例1 如图7-23选自排局，红方先行。

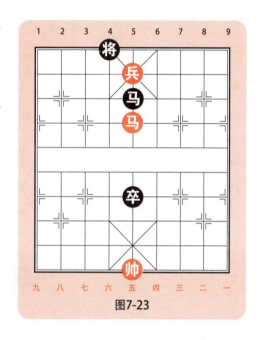
图7-23

（1）**帅五进一** 卒5平6

红方上帅等一手是经典的残局制胜手法，让黑方走棋自乱阵脚。黑方如卒5平4，马五退七，卒4平5，马七进六，卒5平6，马六进八，马5退3，马八退七，卒6平5，兵五平六，将4平5，兵六平七，红方吃马胜定。

（2）**马五退三** 卒6平5

黑方如卒6平7，马三进四，卒7平8，马四退五，马5进4，帅五平六，卒8平7，马五进四，红胜。

（3）**马三进四** 卒5平6

黑方如卒5平4，帅五平六，卒4进1，帅六平五，卒4进1，帅五进一，卒4平3，马四退五，卒3进1，马五进六，卒3平4，马六进八，马5退3，马八退七，红方胜定。

（4）**马四退五** 卒6平5　　（5）**马五进六** 卒5平6

（6）**马六进八** 马5退3　　（7）**马八退七** 卒6平5

（8）兵五平六　将4平5　　（9）兵六平七　将5进1
（10）兵七平六　将5退1　（11）马七退五　卒5平6
（12）帅五平四　卒6平7　（13）马五进四　将5平6
（14）兵六平五　卒7平8　（15）帅四平五　卒8平7
（16）马四进二（红胜）

例2 如图7-24亦选自排局，红方连杀胜。

图7-24

（1）车二平四　车7平6
（2）炮八平四　车6平7
（3）炮四平三　车7平6

红方平一步炮，为以后借将吃卒做好准备。

（4）炮九平四　车6平7
（5）炮四平二　车7平6
（6）炮三平四　车6平7
（7）炮四平一　车7平6
（8）炮二平四　车6平7　（9）炮四平八　车7平6

红方连续消灭黑双卒后，双炮再借将军之机移回左翼，设计下步重炮做杀的计划。

（10）炮一平四　车6平7　（11）炮四平七　车7平6
（12）车四进七　炮2平6　（13）炮八进五　士4进5

红方见时机成熟，弃掉前面起决定作用的中兵，车双炮杀势已成。

（14）炮七进五　将6进1　（15）车一进八（红胜）

第八章 战略战术类实战技巧

一、开局时，炮不换马

从子力价值上看，炮和马本来是差不多的。但是在开局的时候，马由于蹩马腿的缘故，它的行动受到很大影响。炮却比较灵活，所以在多数情况下，开局时，炮不要轻易交换马。但在一些特殊棋形下，也有例外。

例1 如图8-1选自实战，红方先行。

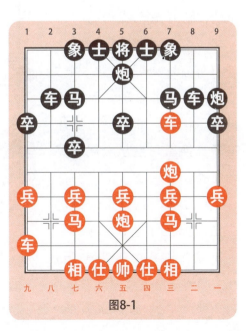

图8-1

（1）炮三进三？ 炮9平7

红方以炮换马，极差！应利用黑炮在花心的机会走车三平二，炮5进1，车二进一，炮5平8，车九平二，炮8进2，炮三进二，红方优势。

（2）车三平四 炮5平7

黑方先平开中炮是正确的下法，如贪吃红马而走炮7进5，则车九平四，黑方还不易控制局面。

（3）车九平四　士4进5　　（4）后车进一　车8进6
（5）兵三进一　象7进5　　（6）前车进二　后炮进5
（7）马七退五　车2进6

黑双车点红方下二路，凶猛异常，红方难以防守了。

（8）炮五平九　车2平4　　（9）前车退四　前炮进4
（10）马五退三　炮7进7　　（11）仕四进五　炮7平9
（12）帅五平四　车8进1　　（13）帅四进一　车8平4
（14）后车平六　后车退1　　（15）仕五进六　车4退2
（16）马三进二　马3进4

至此黑方获得压倒性优势，并最终取得了胜利，下略。

例2　如图8-2是由士角炮对右中炮的布局演变而来的，红方先行。

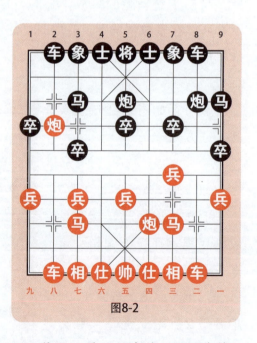

图8-2

（1）炮四进五　炮8平7

下棋要讲棋理，而又不拘泥于棋理。此时红方进炮准备交换黑马是从全局战略考虑的。

黑方平炮兑车是较好的应法，如士4进5，炮四平一，象7进9，车二进五，红方骑河车吊住黑方无根车炮，又盯住黑3路马的出路，明显占优。

（2）车二进九　马9退8　　（3）马三进四　士4进5

（4）相七进五　卒3进1　　（5）相五进七　马8进9
（6）马四进五　车2进2　　（7）仕六进五　炮3进4
（8）相七退五　炮3平9　　（9）车八进五　炮9退1
（10）马七进六　炮9平4　（11）马五退六　卒9进1
（12）马六进四

互缠之中，红方明显主动。

二、开局务要抢先

开局是一盘棋的基础，好的开局是成功的一半，甚至更多。开局阶段抢夺先手，是布局占优的重要步骤。

例1　如图8-3是2014年全国个人赛决赛郑惟桐对王天一布局下完8回合的形势。红方摒弃常见的稳健下法，代之以凶悍的双弃兵战法，获得了优势，并最终获胜。凭借此盘的胜利（另一盘弈和），郑惟桐成功获得了梦寐以求的全国冠军。

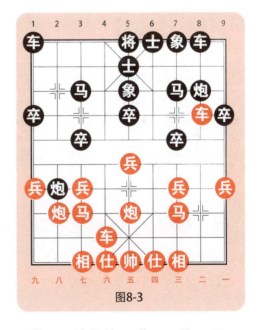

图8-3

（1）兵三进一　卒7进1

红方弃三兵，立意一决雌雄，也是赛前准备的"功课"。常见下法是炮五进一，炮2退2，车二平三，炮8进5，炮五退一，炮8平5，炮八平五，车8进2，双方平稳。

（2）兵五进一　卒5进1　　（3）马七进五　卒7平6

红方如车二平三，黑方可卒5进1，车三进一，卒7进1，马三退一，炮8进5，黑方虽少一子但双卒渡河，足可一战。

（4）炮五进三　卒6进1　　（5）马五进六　炮8平9

黑方平炮兑车，准备继续纠缠下去，但却遭受灭顶之灾。应马3进4，车六进四，卒6进1，马三进四，车1平2，双方均有机会。

（6）车二平七　炮2退2

黑方退炮求换也是不得已，如马3进5，马三进四，马5进7，车七平八，红方得子。

（7）马六进七　炮2平5　　（8）炮八进七　卒6平5

（9）马三退五！　车1平2

红方退中马巧妙，如仕六进五，卒5平4，相三进五，马7进6，车六平八，局面透松不少，红方不满意。如今黑方只能弃车砍炮，暂度险境。如仍卒5平4，马五进六，红方也要得子。

（10）马七进八　卒5进1　　（11）车六进八　卒5进1

一波未平一波又起，红方点车下二路抢先叫杀。如俗手相三进五去卒，则炮9进4，黑方还有机会。

（12）帅五进一　车8进8　　（13）帅五进一　车8退1
（14）帅五退一　士5退4　　（15）马八退七　车8退1
（16）帅五进一　士6进5　　（17）马七进五　炮5退3
（18）帅五平六　炮5平6

红帅一直坚持在宫顶，就是为了现在平帅发挥助攻的作用。黑方平一步炮，是唯一的解杀之着。

（19）车六平四　马7退5　　（20）车七平三　车8退8
（21）车三平四　车8进7　　（22）帅六退一　炮9退2
（23）后车平一　炮9平8　　（24）车一进二　马5进3

红方进车联车，准备逼兑黑车，确保胜利，下得异常老练。黑方跳出窝心马无奈，如想避兑车走车8退1，车一平二，车8平4，帅六平五，炮8平9，帅五平四，黑方败势！

（25）车一平二　车8退6　　（26）车四平二　炮8平9

兑车之后，红方基本形成必胜残局，着法从略。

例2　如图8-4是由士角炮对右中炮的定式布局演变而来的。轮红方行棋，红方不甘平淡，立意抢先。

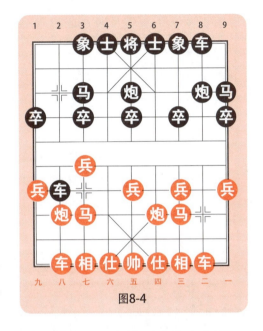

图8-4

（1）炮四进一　车2退2
（2）炮四进四　炮8进5

红方先进兵林炮打车，再进炮黑方士角，还原成常见的布局阵势。黑方进炮捉马不常见，多走炮8平7或卒3进1。在首届全国智力运动会女子业余组李玥对玉思源的比赛中，双方就下成这个盘面。

（3）兵七进一！　卒3进1

红方巧送七兵精妙，也是黑方忽略之处。红方如相七进五，炮5退1，双方战局漫长，也乏味很多。红方送兵之后，黑方左右为难，不得已弃子想争先。不如车2进2，相七进五，马3退5，炮四退四，车2退3，炮四进三，车2进3，这样虽是红优，但黑方不少大子，尚有较多纠缠的机会。

（4）炮四平七　炮5退1

黑方如卒3进1，炮七平一，象7进9，炮八平九，红方多子占优。

（5）炮八平九　车2进5　　（6）马七退八　炮8进1
（7）相七进五　卒7进1　　（8）马八进七　卒3进1
（9）相五进七　马9进7　　（10）相七退五　马7进5
（11）马七进六　马5进4　　（12）炮九平六　炮5平1
（13）马六进五　象7进5　　（14）炮七退三　车8进3
（15）炮七平五　炮1进5　　（16）马五退四　士4进5
（17）相五退七　炮1退1　　（18）兵三进一　马4进2
（19）相三进五　马2进1　　（20）仕四进五　马1退3
（21）帅五平四　马3退2　　（22）兵三进一　炮1进4
（23）炮六退一

黑方虽尽最大努力，骚扰红方后防。但红方赢棋不闹事，整个防线固若金汤。至此黑方又要丢子，遂欣然认负。

三、胜棋不闹事

优势较大的一方已拥有足以取胜的条件，此时对方还有一定的反扑，为了确保胜利，往往需要自补一手或者简化局势，不给对方机会。

例1　如图8-5，双方子力相同，但黑方多双象，明显占优。红方进车叫杀，黑方如退炮，红方仍可进行纠缠。

图8-5

（1）……………　炮5平3

黑方平炮简化局面的一着棋。

（2）仕六进五　炮3退4　　（3）车七进二　车5平2

黑方先手捉炮，追至角落。

（4）炮八平九　车2退4　　（5）车七平九

红方只能平车，不能走炮九退一，否则黑方炮6退4串打。

（5）……………　车2进3

黑方接下来暗伏炮6退4打死车。

（6）炮九退三　炮6退4　　（7）车九进一　士5进4

黑方把红车赶走角落后支士，准备炮至花心，攻击红方。

（8）仕五进六　炮6平5　　（9）帅五平六　车2平4

（10）仕四退五　炮5进7

黑方残食红方一仕。

（11）帅六进一　炮5退4

黑炮退至河口，准备接下来平1打车得子。

（12）炮九退二　炮5平4　　（13）仕六退五　炮4平1

（14）仕五进六　炮1进2　　（15）车九平八　炮1平4

（16）仕六退五　炮4平8

黑方在自己局面占优时，稳扎稳打，不给红方任何反击的机会，并最终取胜，余略。

例2　如图8-6选自实战，轮黑方行棋。黑方多子，形势明显有利，面对红方上一手兵七进一的挑衅之举，血气方刚的黑方小将决定以攻对攻。

（1）……………　士4进5

黑方支士，立意速战速决。其实顺其自然走卒3进1亦可简单控制局势。以下红方炮三平四，士4进5，炮四退三，炮5进2，马七退五，将5平4（不能车4平6，否则炮五进四，马3进5，马五进四，黑丢车），马五进七，炮2平6，炮五进四，炮6平9，黑方胜势。

图8-6

（2）兵七进一　将5平4

红方平兵挡将正确，如兵七进一吃马，炮2进3绝杀。黑方进马捉车有嫌轻率，可考虑马5退6，炮三平四，马3进2，虽然互有纠缠，终究是黑方多子有利。

（3）兵七平六　马5进7　　（4）车五平七　马7进6

红平车捉马也是感觉棋，可走车五平六，车4退1，马七进六，红方虽少一子，但多出双兵，又制住黑方双马，尚可一战。

（5）车七进三　炮5退2　　（6）车七进二　将4进1
（7）车七退三　马6进4　　（8）帅五平六　车4退2
（9）兵六进一　将4进1　　（10）炮三平六　马4退3

黑方退马回3路是严重失误，造成局势难以挽回。应马4退5，红方只能炮五平六，车4进3！仕五进六，炮2平4，仕六退五，炮2平4，黑胜。

（11）炮五平六　马3进5　　（12）马七进八　车4进1
（13）车七进一　将4退1　　（14）车七进一　将4进1

至此，黑方难以防御红方马八进七的攻击手段，主动认输。

四、无叫将不食中宫卒

在对弈当中，用炮去吃对方中卒的时候，最好能够通过将军的先手来吃，这样可以抢到一先棋，也就是说炮吃中卒带将的话，下手棋还该自己走。这步先手往往起到决定性的作用。

例1 如图8-7是2014年象棋甲级联赛黄仕清对刘奕达的对局，实战中黑方借炮击中兵叫将之机，先手进车扳马夺取了主动。

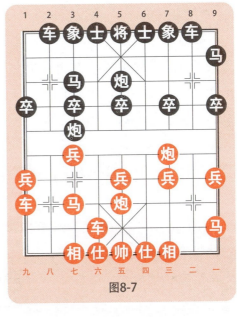

图8-7

（1）………… 炮3进3
（2）车九平七 炮5进4
（3）仕六进五 车8进8

黑方借炮打中兵先手打将的机会，进车靠死红马，抢先发难。

（4）车七进二 炮5退2　（5）车六进六 车2进2
（6）兵七进一 士6进5

红方亦不甘示弱，连捉带吃，一场激战在所难免。

（7）车六退一 卒3进1　（8）车七进二 象7进5
（9）帅五平六 车8平9

黑方如卒9进1，炮五进四，马3进5（如误走车8平9？车七进二！红方胜势），车七平五，马9进7（如马5退7，炮三平五，伏有车五进二的凶着，黑方不舒服），炮三平五，车8平9，炮五进二，马7进5，车五进一，和势。

（10）炮三平一　车9平8

黑方平车卡住相眼，有炮5平7的后续手段，下得细腻。

（11）炮五平七　马3进2　（12）炮一平八　马2退1

红方平炮打车正确，如炮一进四，象3进1，红方丢车。黑方退马贪恋多子，不如车2平4，车六进一，士5进4，车七平八，车8退3，相七进五，车8平4，炮七平六，卒7进1，黑方先手。

（13）车六进二？车2平4

红方进车叫杀是不成立的，让黑方借兑车之机化解了红势。红方可走炮八平五，车2平4，炮七进七，象5退3，车六进一，士5进4，车七平五，士4退5，车五进一，车8退3，炮五退二，红方少大子但多兵多相，可战。

（14）炮八平六　将5平6　（15）车六退一　士5进4

至此黑方稳占多子之优，并最终获胜，下略。

例2　如图8-8选自实战对局，轮黑方行棋。黑方利用炮打中兵带将的先机，连续抢先，一举确立了优势。

图8-8

（1）…………　炮2平5
（2）仕六进五　炮8平6
（3）车二进九　马7退8
（4）兵三进一　车1平2
（5）炮八平七　车2进7

黑方炮击中兵后，再出车捉炮是常见的争先手段。

（6）炮七退一　炮6进2

红方可考虑炮七平六，

炮6进2，车六退一，车2退2，炮六进二，卒5进1，兵九进一，车2退2，炮六进二，双方混战。

（7）车六进二　炮6平3　　（8）车六平五　炮3平1

（9）帅五平六　炮1进1

红方出帅无奈，否则边马要丢。

（10）帅六进一　车2进1　　（11）帅六进一　车2退5

黑方也可车2退3，马四进五，马3进5，炮五进四，车2平7，兵三平四，车7进2，仕五进四，炮1平6，黑方占优。

（12）炮五平一　马8进9　　（13）炮一进四　车2进2
（14）马四进五　马3进2　　（15）兵三平二　车2进2
（16）帅六退一　车2进1　　（17）帅六进一　炮1退3
（18）车五进二　车2退1　　（19）帅六退一　马2进3
（20）帅六退一　马3进2　　（21）帅六平五　车2平1

至此黑方吃掉红马，已是胜势。以下红方如兵二进一，则车1平3，黑方亦可先入局。

五、死子不急吃

有时候已经捉死的对方棋子可先不去吃掉，利用这个时间去抢出别的棋步，夺取盘上的大势。当局面上没有大先手可以去争的时候，再考虑从容吃去"死子"，这是比较老练的选择。

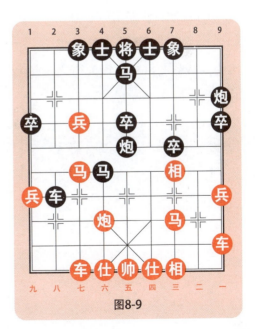

图8-9

例1　如图8-9选自全

国团体赛当中,由王琳娜对陈丽淳。目前局面复杂,红方多子,而黑方拥有空头炮,占有攻势。黑方利用先行之利,展开了凶狠的攻击。

(1)………… 车2平5　(2)车一平五　马4进6

红方车占花心,意图送还一子,化解黑方进攻。如走补仕,黑方可简单车5平3吃回一车,多子占优。面对红方送车,黑方入马抢杀志存高远,是正确的选择。如炮5进4,仕六进五,局面将缓和下来,非黑方所愿。

(3)炮六平四　后马进7　(4)车七进二　车5进1

黑方不顾中车在红马口,连续进马催杀,弈来虎虎生风。这一步再进车送入虎口精妙绝伦!红方难以支撑了。

(5)马四退六　炮5进2

红方不能车七平五,否则黑方马7进6杀。黑方再进炮形成绝杀之势,红方如炮四退一,车5进1杀,红方认输。

例2 如图8-10是2017年象棋甲级联赛唐丹对李越川的实战盘面,红方借先行之利,抢先向黑方发起了攻击。

(1)马四进五　马3进5

红马踏中卒简洁明了,也是必走之着。

(2)炮八进七　后炮进4

红方并不急于吃掉黑方中马,而是先下底炮,寻求更大的利益,可谓志存高远。

图8-10

如炮五进四，后炮进4，马七退五，车8平6，红方虽也优势，但不如实战的下法。黑方不愿忍受被围攻的局面，因此冒险炮打红相，以求一搏。如士6进5，炮五进四，将5平6，车六平四，前炮平6，车四进五，红方完全控制形势，局面大优。

（3）车六进八　将5进1　　（4）车六平五　将5平6

（5）车五平四　将6平5　　（6）车四平五　将5平6

（7）车五退三　前炮进4

红方如此吃回失子顿感威力倍增，黑方也只好炮下底线叫将，不愿丢了气势，强行进攻。

（8）仕四进五　车8进8　　（9）车五平四　后炮平6

（10）炮八平三　车8退6

红炮打象，在先得实惠的同时，亦伏有严厉的攻击手段。

（11）车四退三　车8进3　　（12）车四进三　车8退3

（13）车四退三　炮7平9

黑方连续捉红车，红方若吃黑车，黑方有炮6进7的杀着，所以黑方必须变着。

（14）仕五进六　车8平7　　（15）炮三平四　车7进6

红方炮平四路"倒踢紫荆冠"勾吃黑炮是预先谋划的下法，精巧有力！

（16）帅五进一　车7退1　　（17）帅五退一　马8进7

黑方如将6退1，车四进四，马8进6，帅五平四，车7进1，帅五进一，车7退8，车四平六绝杀，红胜。

（18）炮四退二　象3进5　　（19）炮四退三　将6平5

（20）炮四平五　将5平4　　（21）车四进三　象5退7

（22）车四平六　将4平5　　（23）前炮平三

红方前炮平三后，准备车六平三压马，黑方已无力再战，遂推枰认负。

六、巧用等着

在中残局恰当地利用等着，停着，往往可以起到出其不意、"四两拨千斤"的作用，使己方获取满意的形势。

例1 如图8-11 红先。

图8-11

（1）**车八进六**　炮1退1

红方进车捉炮兼蹩马腿，利于边炮出击，攻击点选择准确。

（2）**炮九进四**　车6退1

（3）**兵九进一**　士4进5

红方挺一手边兵，不让黑方车6平1支援边路，使黑方如鲠在喉，十分别扭。

（4）**仕六进五**　炮1进4

双方接连补士（仕）等待之后，黑方还是忍不住炮击边兵，造成局势丢子恶化，不如炮8平7，坚守待变较好。

（5）**炮九进一**　车6平4

黑方平车造成丢子，不如象5进3，车八平七，炮8平1，兵七进一，车6退2（如车6平3，车七平九，车3进3，车九进二，士5退4，炮七进二，将5进1，车九退1，将5进1，炮七平四，黑方仍然很困难），车七平四，士5进6，红方优势，但黑方尚不丢子。

（6）**炮九平七**　车4退2　　（7）**车八进二**　士5退4

（8）**前炮进一**　车4平3　　（9）**前炮平二**　车3进1

至此红方有这手打马，得子成定局。

（10）炮二退三　车3平4　　（11）兵七进一　车4进3
（12）兵七进一　车4平3　　（13）车八退七（黑方认输）

例2 如图8-12选自一则排局，红先。

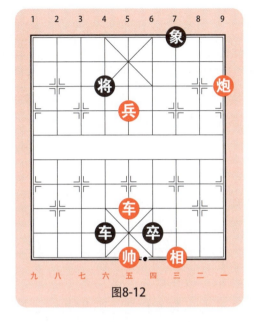

图8-12

（1）兵五进一　将4退1
（2）兵五进一　将4退1
（3）炮一平六　车4平5

红方平炮挡将脸，是解杀还杀的妙手。黑方如车4退6，兵五进一，将4进1，车五进六，红胜。

（4）车五退一　卒6平5
（5）帅五进一　象7进5
（6）炮六退七　象5退7　　（7）炮六平五　象7进9
（8）相三进一　象9进7　　（9）相一进三　象7退9

这个棋红方有一个相正好可以取胜，红方走高相等一手，黑象只能回边。

（10）炮五平三

至此黑象必丢，红胜。

七、得先时切忌急躁

拥有一定的先手或优势时，不要急于一下置对方于死地，这样往往由于攻击过猛，反而容易遭到对方的反扑。应该顺势而为，逐步推进为好。

例1 如图8-13是2017年棋后赛赵冠芳对唐丹的实战，轮黑方行棋。

图8-13

（1）………… 炮6平8

盘面上黑方净多双士，车马炮卒皆处于有利位置，感觉胜利已为期不远。所以黑方很快走了一步平炮，准备给6路卒让道，8路炮也进可将军，退可打马。但却忽略了红方潜在的杀着，黑方可车4进4，帅五进一，马8进6，马二退三，马7进8，马八进七，将4进1，炮七平三，炮6平8，马七退五，象3退5，车八进七，将4退1，车八进一，将4进1，炮三进二，士5进6，车八退一，将4进1，以下黑方伏有马8进7，炮三退五，卒6进1的杀着，红方败势。

（2）**马八退七** 前炮进2

红方退马错失良机！应马二进四！炮8平6（如士5进6，马八进七，将4进1，车八进七，将4进1，马七进八，将4平5，兵五进一，将5平4，车八退一，红胜），马八进七，将4进1（如将4平5，炮九进三，红方胜定），车八进七，将4进1，马七进八，车4平5，车八平六，将4平5，兵五进一，车5退2，炮九平五，红方得车胜定。

（3）**相三进一** 车4进4　（4）**帅五进一** 马8进6

黑方入马含有马6进4，再卒6进1叫杀。

（5）**马二退三** 马6进4　（6）**帅五平四** 马7进8

至此黑方有马8进7，红方如炮七平三，卒6进1，马三退四，马8进7，黑胜。红方遂推枰认负。

例2 如图8-14红先，红方多兵少相，全局分析，还是红方握有先手。

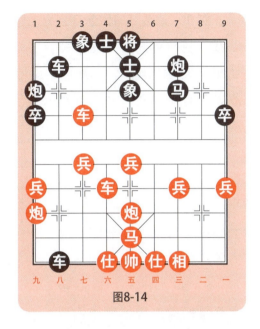

图8-14

（1）………… 后车进6

红车杀边卒捉吃黑炮看似先手，实则给了黑方机会。可考虑兵五进一，前车退2，炮九进四，马7进8，炮五平七，红方先手。

（2）炮九退一　马7进6

（3）炮五平七　前车退1

（4）炮九退一　炮7进8　　（5）马五退三　后车平3

黑方子力得机倾巢而出，红方虽然多出四个兵，但是主力涣散，局面已不好收拾了。

（6）仕四进五　马6进8　　（7）马三进四　马8进9

（8）兵九进一　车2退4　　（9）车九退一　车2平8

面对红车的邀兑，黑方置之不理，轻轻一步滑车甚为精巧，红方不能车九平二吃车，因黑方有炮1进7的杀着，又无力抵挡黑方双车马的攻击，于是红方主动认输。

八、下棋最忌随手

在对弈当中，有时候棋手会凭感觉随意地下一手，这些着法往往会产生不好的后果,比如应胜反和、应和反败等,下棋当中应尽量做到深思熟虑,不下随手棋。

例1 如图8-15选自全国赛,观枰可知红方炮三兵仕相全对黑方马卒士象全,双方还有一对对头兵卒未解决。红方先行,胜望甚浓。

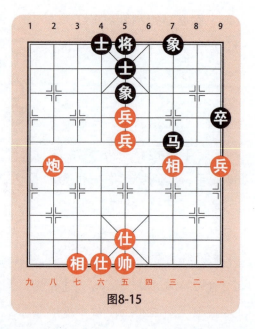

图8-15

(1)前兵平四　卒9进1

红方平前兵明显随手,大约过于乐观了,忽略了黑方的巧手。应后兵平四,马7退8,炮八进一,以后再兵五平四靠过去,有望形成炮三兵对单马的必胜残局。黑方先送边卒机灵!这是红方没看到的着法,这样可形成马士象全对炮双兵的可和之局。

(2)兵一进一　马7退8　　(3)兵四平五　马8进9
(4)相七进五　马9进8　　(5)帅五平四　士5退6
(6)后兵平四　士4进5　　(7)炮八平五　将5平4
(8)兵五平六　马8进7　　(9)仕五进四　马7退6
(10)炮五退一　象7进9　　(11)仕六进五　象9退7
(12)兵四进一　马6退5　　(13)炮五平二　将4平5
(14)仕五进六　马5进6　　(15)兵六平五　马6退7
(16)帅四进一　将5平4　　(17)炮二退三　马7进5
(18)兵四平三　马5退3　　(19)兵五平六　马3进2
(20)帅四平五　士5进6　　(21)兵六平七　士6进5

（22）兵七进一　马5退3　　（23）兵七进一　马3退5
（24）炮二平六　将4平5　　（25）兵七平六　马5进3

黑马左蹦右跳，不离防守本位。红方虽做努力，最后仍无法取胜，以下着法从略。

例2　如图8-16来自实战，黑方先行。

（1）…………　马5进3

黑马随意一跳，造成局势瞬间崩溃。可考虑炮4进3，马九退七，将4平5，马七进八，士5退4，马八退九，士4进5，兵五平六，炮4进1，马九进七，将5平4，炮九退四，士5进4，兵六平五，将4进1，尽管红方有攻势，但黑方可周旋。

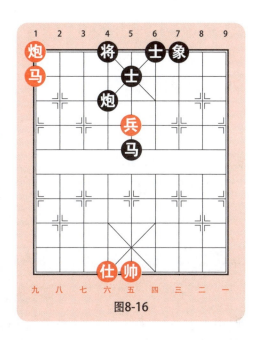

图8-16

（2）马九退七　将4平5
（3）兵五平六　马3进4　　（4）帅五进一　马4退6
（5）帅五退一　马6进7　　（6）帅五进一　马7退6
（7）帅五退一　马6进4　　（8）帅五进一　炮4平5
（9）马七进八　士5退4　　（10）兵六进一　马4退6

红兵冲下，先手捉炮，黑方难下了。

（11）帅五退一　马6进4　　（12）帅五进一　马4退6
（13）帅五退一　马6进4　　（14）帅五进一　炮5进2
（15）兵六进一　马4退5

红兵再冲下,已成绝杀之势。

（16）帅五平六　马5进3　　（17）帅六平五　马3退5
（18）帅五平六　马5进3　　（19）帅六平五　马3退5
（20）帅五平六　马5进3　　（21）帅六平五　马3退5
（22）帅五平六　马5进3　　（23）帅六平五

黑方无奈连将几次后推枰认输。

九、彼强击帅

指己方的优势已经足够强大,可以发动对对方将(帅)的全面进攻了。

图8-17

例1　如图8-17是实战中局,红方主攻黑方主守。

（1）炮七进四　炮2进2

红方炮击三卒简单而实惠,是扩大优势的着法。黑方进炮打串似佳实劣,未及深算。应炮8平9,车二平九,车8进5,仕六进五（如车九退一,马7进5,炮七进三,车8平5,车六平五,车5平4,黑优）,马7进8,炮五退三,炮2退2,车九平八,炮2进2,双方互缠甚紧。

（2）炮七进四　车4平3

红方送底炮将军是妙手,也是黑方忽略之处。黑方吃炮也是无奈,如车4进2,炮五平八,马1退2,炮七平九,红方伏有强大攻势，黑方亦难抵御。

（3）马六进八　马7进6

黑方进马造成速败，可车3进2，车二平六，马7进5，前车平五，象5进3，车六进六，车3平4，马八进六，将5平4，马六进八，将4平5，车五平七！炮2平5，车七进三，士5退4，马八退六，将5进1，车七退一，将5进1，马六退五，红方也是大优，但黑方能多抵挡一阵。

（4）车二平六

至此黑方认输，以下黑只能炮8退1（如走它着，红方均可马八进七，再前车进三杀），马八进六，将5平4，马六进七，红胜。

例2　如图8-18是2016年团体赛的实战对局，由赵殿宇对阵金波。两位猛将均喜攻好杀，盘面上也是"大打出手"。赵殿宇利用先行之利捷足先登，战胜了金波。

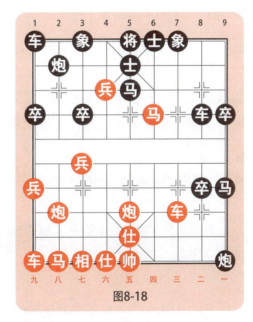

图8-18

（1）马四进五　卒8平7

红马击中士率先上手，是当走之着。

（2）马五进三　马5进6

黑方如士6进5，马三退四，将5平6，炮五平四，车8平6，车三进一，士5进6，兵六平五，马9进8，车三退二，象3进5，车三平二，红方大优。

（3）马三退四　炮2平6　　（4）车三平二　车8进4

红方先平车兑车是比较冷静的下法，如马四退二，马9进7，炮八平三，马6退8，炮三平二，车1进2，局面复杂，混乱不清。

（5）炮八平二　卒7平8　　（6）炮二平四　马9进8

（7）炮四进一　车1进1　　（8）马八进七

红方先跳马开动主力是正确的下法，如误走炮四平五，将5平4，兵六进一，车1平4，马四进六，马8进6，黑胜。

（8）…………　马6进8　　（9）马七进五　将5平4

红方还是不能炮四平五，否则将5平4，兵六进一，车1平4，马四进六，炮6进8，黑胜。

（10）炮四进五　车1平6　　（11）兵六进一　车6平4

（12）马四进六　后马进6

红方连续躲过黑方设计的陷阱，至此顺利吃掉黑车胜势已定。

（13）炮五平六　将4进1　　（14）炮六退一

红方最后两步也是异常老练，如13回合误走马六退四逃马，则马6进7，帅五平四，马7退5，帅四平五，马5进3，马五退六，马3进1，红方丢车功败垂成！红方先弃马平炮将军，再退炮守住黑马卧槽，使黑方彻底无计可施，黑方遂认负。

十、得子失先非上策

指因为吃到对方的棋子，却造成己方在形势上吃亏，此举违背棋理，不是明智的选择。

例1　如图8-19是2016年全国象棋团体赛聂铁文对万春林的中局形势，红方车马被牵似难于处理。

（1）马二退四　炮2平6

红方退马兑车，看似造成失子，实际也是藏有争先的手段。黑方吃子从结果来看不理想，不如车8进4，马三退二，象5进7，双方平稳。

（2）车二进四　车2进9

（3）兵三进一　炮7退2

（4）炮九平八　炮6平7

红先平炮挡一下黑车，延缓它的速度很有必要。

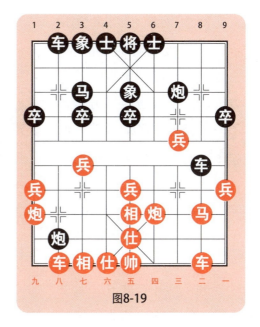

图8-19

（5）兵三进一　后炮平9

（6）兵三平四　士4进5

（7）兵四进一　炮9进6

（8）车二平三　炮7平6

（9）炮四平三　炮6退6

红方小兵衔枚疾走卡住黑方下二路要道，现在平炮暗伏闪击闷宫的手段，黑方防御起来已有力不从心之感了。

（10）车三进二　将5平4　　（11）兵五进一　炮9平6

（12）车三平四　前炮平7　　（13）炮三平二　炮7平8

（14）兵五进一　卒5进1

红方送中兵恰到好处，一举撕毁黑方防线。

（15）车四平二　炮8平7　　（16）车二平六　将4平5

黑方如士5进4，车六平七，炮7平3（如士4退5，车七平六，士5进4，兵七进一，黑方也难走），炮二进七，将4进1，炮八平六，红方胜势。

（17）炮二进七　炮7退6　　（18）炮八平六　象5进7

（19）车六进二　车2退3　　（20）炮六进五！

红方最后一步炮入士角是入局的经典杀着，弈来实为精彩，至此形成绝杀。

例2 如图8-20是2016年象棋甲级联赛的半决赛,由苗利明对阵郑惟桐,轮黑方行棋。实战当中黑方设计了一条弃象夺子的道路,然而遭到了红方凶猛的反扑。

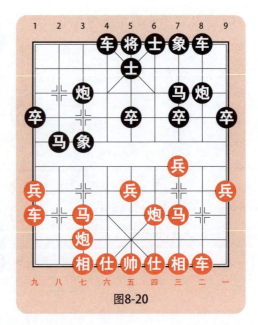

图8-20

（1）………… 车4进8

黑方求稳当然可以象7进5补一手,以下仕四进五,炮8进4,相七进五,双方平稳。但黑方肩负为团体抢分的重任,自然不甘平庸,主动寻求复杂的变化。

（2）炮七进四 卒7进1

黑方弃卒是前面弃象的后续手段,意在抢先。

（3）兵三进一 车4退4 （4）兵三进一 车4平3

红方再往下冲兵主动弃子,下得有胆有识,如怯战走炮七退一,车4平7,马三进四,炮8进5,相三进五,炮8平5！车二进九,炮5平1,黑方大优。

（5）兵三进一 炮3进5 （6）兵三平二 炮3平7

（7）炮四进二 炮7退3 （8）兵二进一 车8平9

（9）炮四平一 炮7平9 （10）车二进七 车3退2

红方在棋界素有"怪杰"之称,这一段下得精准有力,此步进车封住黑方边车出路,形成红方占势而黑方多子的局面。黑方兑车致命失误,应走车3进2较好。

（11）车二退二 马2进3

红车退骑河线击中黑方要害。

（12）车九平七　车9进2　　（13）相七进五　车9平8

黑方兑车亦是无奈，如马3退4，车七进五，马4退3，炮一平三，准备兵一进一捉死炮，黑方也不行。

（14）车二进二　车3平8　　（15）车七进一　炮9进2

黑方如车8退1，车七进六，士5退4，车七退三，红方获较大的残局优势。

（16）车七进六　士5退4　　（17）炮一平五　士6进5
（18）兵二平三　卒5进1　　（19）炮五平八　车8平2
（20）炮八平七　炮9平1　　（21）车七退四　士5退6
（22）车七平五　士4进5　　（23）炮七平五　将5平4
（24）车五平六　士5进4　　（25）炮五平六　将4平5
（26）车六平五　士4退5　　（27）炮六平三　象7进9

至此红方大占优势，并最终获胜，以下着法从略。

十一、骄兵必中计

指对己方形势判断过于乐观，所走着法有些想当然，或轻进或保守，容易被对方"借力打力"，加以利用，造成局面的被动。

例1 如图8-21是2016年象棋甲级联赛宋晓琬对张国凤的实战，轮黑方行棋。

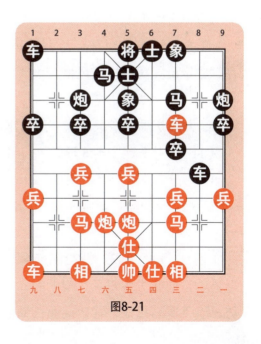

图8-21

（1）……………　车8平5

全国冠军张特大面对年轻的宋大师"杀心"顿起，强行车杀中兵，争胜之心跃然于枰上。但此步感觉还是勉强，容易授人以柄，不如车1平2平稳。

（2）炮六退二　车5平3

黑车再吃一个兵已是杀眼红了，但黑方数个子力均暴露在红方的火力之下，且看红方如何利用。

（3）马三进五　车3平8　　（4）马五进六

红方连续两步跳马姿态强硬，黑方已有大厦将倾的感觉。

（4）…………　炮3进5　　（5）车三进一　炮9进4

黑方索性弃子边炮奔袭，也符合黑方的杀手本色。如马4进2，车九平八，马2进3，车三平五！象7进5，马六进五，红方胜势。

（6）车九进二　炮9进3

黑方再度弃子显得急躁，还是应炮3退1忍一下，炮六进八，车1平4，马六进四，士5进6，车九平六，士6进5，红方优势，但黑方尚可抵挡。

（7）车九平七　车8进4　　（8）炮五进五　象7进5

红方炮击中象以牙还牙，使黑方一直期望的攻势瞬间荡然无存，显示出扎实的棋艺风格。

（9）相七进五　车1平2　　（10）马六进五　士5进6

红方马吃黑方中象，黑方形势难以为继。

（11）车七平六　车8退8　　（12）炮六进八　车2进9
（13）仕五退六　车2退7　　（14）车三平四　车8平5
（15）炮六退四（红胜）

例2　如图8-22是2016年象棋甲级联赛孙浩宇对张强的实战形势。目前红方多双兵，但七路马受攻。红方过高估计了多兵的优势，随手退马忍让，导致局面被动。

（1）**马七退九** 马2进1

红方可马五进六！黑方如炮3进6，马六进四，车8退3，车四进二，马4退5，车四进二，马5进3，车四平八，马3进4，仕五进六，炮3退6，兵三进一，红方残局占优。

（2）**车四进四** 车8进2

红方应相七进九护住七路兵好一些。

（3）**马五进六** 马1退3

黑马进退之间白吃红方双兵，形势开始主动。

（4）**相七进五** 马3进4　　（5）**仕五进六** 马4退3

（6）**兵一进一** 炮3平2　　（7）**马六进四** 士5进6

（8）**车四平六** 士4进5　　（9）**马四退五** 炮2进3

（10）**车六退一** 车8平1　（11）**马五进六** 车1进2

（12）**马六退八** 车1进1　（13）**帅五进一** 车1平6

通过转换进入车马残局，黑方吃掉红仕，并让红帅不安于位，完全掌控了盘面，并最终获胜，以下着法从略。

十二、金蝉脱壳

指自己的子力被对方牵制，看似难以脱身，这时忽然走出一步巧妙的下法，使自己摆脱了困境，局面上还获得了优势。

例1　如图8-23选自实战中局，轮红方行棋。

(1) 炮九平六　车1进1

红方针对黑方拐角马的弱点展开攻击，黑方抬横车保马随手，没注意红方后面得子的手段，不如改走马4进6较好。

(2) 炮六进六　车1平4

红方进炮打马已算到得子的变化了。

(3) 车八进三　象3退5

(4) 马六进七　车4进2

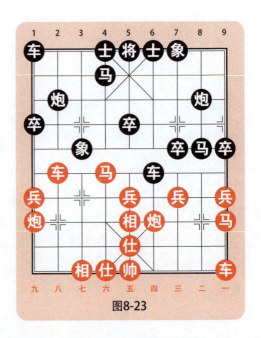

图8-23

红方进马踏车机灵，奠定得子基础。如马六进五，车6进2，车八平五，象7进5，仕五进四，车4进2，马五退四，卒7进1，黑方反而占优。

(5) 车八退三

红方兑车精巧！正是由于有这步棋，红方得子。

(5) ……………　卒7进1　　(6) 车八平四　卒7平6

(7) 马七退八　卒6进1　　(8) 炮四平二　马8进7

黑方少子后亦下得顽强，借机渡过一卒与红方周旋。红方此步再出兑子巧手，黑方不如走炮8进5，车一平二，马8进7，车二进二，马7进9，车二平一，卒6平5，这样求和的机会大于实战。

(9) 炮二进一　马7退6　　(10) 车一平三　卒5进1

(11) 炮二进二　马6进5　　(12) 车三进七　炮8退2

(13) 车三平四

红方借捉炮之机抓死黑卒，优势得以扩大。

(13) ……………　车4进2　　(14) 车四退四　车4平2

(15) 车四平五　车2平8

黑方如卒5进1，顾忌红方平炮将军后，红车左右有闪击。

（16）炮二平四　卒9进1　　（17）马一进三

骏马跃出加快出击速度。红方车马炮已形成联合攻势，黑方不好下。

（17）…………　卒9进1　　（18）车五进二　卒9平8

（19）马三进五　车8平6　　（20）炮四平二　炮8进1

（21）马五退六　车6平8　　（22）马六进七

至此红方多子优势已无可动摇，最终获胜，下略。

例2　如图8-24为2016年象棋甲级联赛郝继超对武俊强的中盘局面。

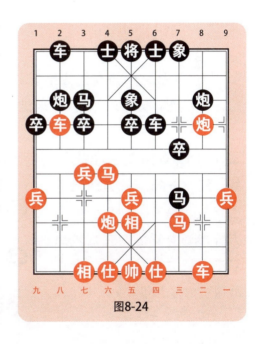

图8-24

（1）炮二平三　车6平7

红方平炮打马，准备进行转换，是争胜的下法。如炮二平一，炮8平9，炮一平二，炮9平8，双方不变做和。黑方选择交换不得已，如炮8平7，炮三退三，炮7进4，黑方右翼车马炮明显占位不利。

（2）车二进七　卒5进1　　（3）车二退四　卒7进1

黑方如卒5进1，马六进七，马7退6，马七退五（如马七进五，马6退5，红方失子），车7平5，兵五进一，红方优势明显。

（4）相五进三　车7进2

红方高相飞卒已成竹在胸。

（5）马六进四　车7平4

黑方原计划拯救黑马全赖此着，以下红方如车二平三，车4进2，黑方可获得满意形势。

（6）马四进二　炮2退1

红马轻轻一跳先行叫杀，可谓四两拨千斤，黑方失子难以避免了。

（7）仕四进五

至此黑马丢定，黑方遂欣然认负。

十三、良机稍纵即逝

指在实战之中当有机会出现的时候，要果断的抓住并加以利用，才有望争取到主动权，否则错过之后，机会就没有了。

例1 如图8-25出自实战，红方先行。红方明显子占高位，握有主动权。但黑方阵形尚算稳固，并且多出双卒。红方久战无益，需速战速决方是上策。

图8-25

（1）炮七进三　象5进3

红方炮击黑象，抓住了时机。如走炮七平八，炮2进2，黑方可坚守，红方一时也没有好的切入点。黑方如卒3进1，马六进五，黑方防线尽毁，难以抵御。

（2）车三进一　炮2进2　　（3）车三退二　卒5进1

红车退二准备右车左移，攻击黑方左翼马炮，攻击选点准确。黑方可马1退3顽强些，车三平九，炮2退2，车九退一，车8退1，车九平八，马3进4，前车平七，车2平4，黑方好于实战着法。

（4）车三平九　马1退3　　（5）马六进七　车2进1

（6）车九进二　象3退5　　（7）后马进六　车8平4

以上几步红方得理不饶人，均属命令式下法，此步进马踩双，黑方要丢子了。黑方如逃炮，红马踏中象后，黑方无法应付。

（8）马六进八　车2进1　　（9）马八退七

至此红方一步退马"摘钩"换车奠定得子之势，以下黑方如车2进3，后马进六，车2退3，马六进七，将5平4，后马退五，车2进7，仕五退六，车2平4，帅五进一，车4退7，马七退五，车4平5，车九平七，将4进1，车七退三，红胜势。黑方遂推枰认负。

例2　如图8-26是2016年全国团体赛万春林对宿少峰的中局形势，轮红方走棋。红方及时抓住黑方暴露出的缝隙，夺取了优势。

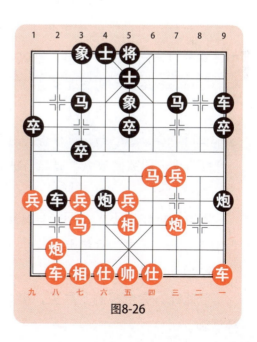

图8-26

（1）兵七进一　炮4平3

红方弃七路兵好棋，黑方如按常规卒3进1，马四退六，炮9平4，炮八平一，车2进3，炮一进六，红方大优。

（2）兵七进一　象5进3　　（3）车一平二　马7退6

红车再度亮出，优势无疑，黑方不得已退马闪出车路。

（4）炮八平四　车2进3　　（5）马七退八

红方平炮封住黑车捉马的路线，下得细致。

（5）…………　象3退5　　（6）炮三平四　车9退1

黑方退一步车准备邀兑，也是煞费苦心。

（7）后炮平七　马3进2　　（8）马四进六　车9平8

（9）马六进八　马2退4

红方先不理黑方兑车，而是飞马扑槽，先给黑方防线打开一个缺口。为马炮的联合攻势创造较好的条件。

（10）车二进八　马6进8　　（11）炮七平九　卒5进1

（12）炮九进五　马4退2　　（13）兵九进一　炮3退5

（14）后马进七　炮9退1　　（15）兵九进一　卒5进1

（16）兵五进一　炮9平5　　（17）仕六进五　卒9进1

（18）兵九平八　卒9进1

双方兑车以后，红方下得十分耐心，优势始终控制在红方手中，充分显示出"海派"棋手细腻绵密的棋艺风格。

（19）马八退六　马2进4　　（20）兵八进一　马4进6

（21）炮九退一　马6进7　　（22）马六进四　炮5退1

（23）兵八进一　马7进9　　（24）炮九进四

红方这一段欲擒故纵，逼黑马跳出后，集中子力直扑黑方后防。

（24）…………　炮5平3

黑方平炮作用不大，不如马9进7先对红方有所牵制较好。

（25）兵八平七　后炮平1　　（26）兵七进一　马8进6

（27）马七进六　炮1进3　　（28）兵七平六

至此红方完全控制了局势，棋局呈一边倒，黑方无心纠缠，推枰认输。

十四、劣势不妨搏杀

指在形势不利的时候，如果按部就班的下，无异于坐以待毙，此时不如舍命一搏，把水搅浑，这样反而有机会。

例1 如图8-27。

（1）………… 车6退6

黑方退车士角献车是劣势下的顽强应手。

（2）车五平四　车7平5

（3）车六进一　车5平2

红方进车卡象眼急躁，使局面变得混沌不清。应车六退二，马5退7（如车5进2，车六平四，炮9退1，帅六退一，马5进6，相七

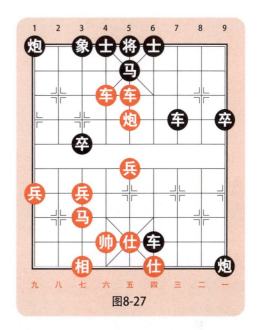

图8-27

进五，车5进2，前车退一，士4进5，后车退三，红方多子占优），车四平三，马7进9，车三退七，炮9退1，车三进一，炮9进1，车六平五，兑死车，红方简明优势。

（4）马七进五　马5进4

红方还是应走车六退三，马5进4，车四退一，车2进5，帅六进一，马4退5，车四平一，炮9平3，双方混战。

（5）车四平七　士6进5

黑方可车2进5，帅六进一，马4进2，车七退二，炮9平3，黑优。

（6）兵五进一　炮1进2　　（7）车七平二　炮1平4

黑方防守的子力参与进攻,局面开始颠覆。

(8)马五进六　车2进5　　(9)帅六进一　车2退1
(10)帅六退一　车2进1　　(11)帅六进一　车2退1
(12)帅六退一　马4进2　　(13)车六退一　车2进1
(14)帅六进一　车2退1　　(15)帅六退一　车2进1
(16)帅六进一　车2退1　　(17)帅六退一　士5进4
(18)车二进二　将5进1　　(19)兵五进一　车2进1
(20)帅六进一　车2退1　　(21)帅六退一　车2进1
(22)帅六进一　车2退1　　(23)帅六退一　车2平5(黑胜)

例2 如图8-28是2016年象棋甲级联赛柳大华对蒋凤山的实战盘面。观枰可知黑方已大占优势,不仅双卒过河,而且红方面临丢马的处境。劣势之下柳老没有放弃,而是勇于拼搏,最终依靠黑方的失误,杀出了一条血路。

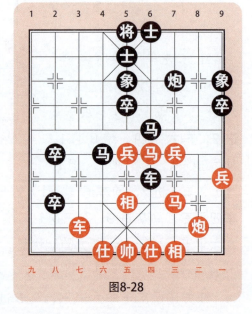

图8-28

(1)兵五进一　卒5进1

红方弃中兵活马是当前局面下唯一的选择。

(2)马四进六　炮7进5　　(3)马六进八　前卒平3
(4)车七平九　车6平3　　(5)炮二进七　象5退3
(6)马八进七　将5平4　　(7)车九进八　士5进6
(8)车九平七　将4进1　　(9)车七平四　车3退4

可能是被红方拼死一战的气势所震慑,黑方退车守士下得软弱。可马4进6，车四退一，将4退1，车四退一，车3平4，黑方胜势。

（10）车四退一　将4退1　　（11）车四进一　将4进1
（12）马七进九　马4进6　　（13）仕四进五　炮7平8
（14）炮二退一　前马进7　　（15）帅五平四　车3进4

黑方可简单士6退5，车四退四，车3平8，黑方多子胜定。

（16）马九退八　将4平5　　（17）仕五进四　卒5进1
（18）车四退二　车3平6　　（19）仕六进五　炮8进2
（20）相三进一　炮8退3　　（21）马八进七　将5平4

黑方可能由于象棋甲级联赛的快棋制度，造成时间的过度紧张。到此出将盲着至败，使棋局戛然而止。应走将5退1，马七退六，将5进1，车四进一，将5进1，马六进五，车6进1，仕五进四，炮8平6，仕四退五，炮6退5，黑方仍然胜券在握。

（22）车四平六（红胜）

十五、临杀勿急

指在己方已经控制局面的情况下，准备发起最后一击的时候，一定要计算精确，不要急躁。能快胜最好，不能快胜则应耐心周旋。

例1 如图8-29来自实战，双方各攻一翼。从子力站位看，红方明显在速度上要领先，况且又有先行之利。

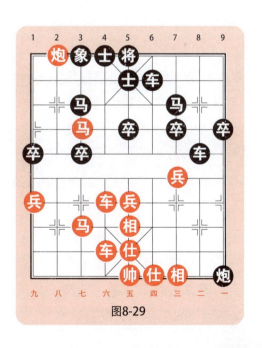

图8-29

（1）**前马进五**　车6进7

红方马入中宫，先下手为强。黑方点车卡相眼，准备8路车下底做杀。如马3退2？马五进七，将5平6，车六进六，士5退4，车六进八，红胜。

（2）**马五进七**　将5平6　　（3）**前车进六**　士5退4

红方仍然弃车杀士，可谓态度强硬，不给黑方上手对攻的机会，也是早已算好的着法。

（4）**车六进八**　将6进1　　（5）**车六平三**　象3进5

黑方如车8进5，车三退一，将6进1，车三退一，将6退1，车三进一，将6进1，帅五平六，炮9平7，帅六进一，车8退5，车三退一，将6退1，炮八退一，马3退5，马七退八，马5进4，马七进六，红方厉害！

（6）**车三退一**　将6退1　　（7）**前马退五**　将6平5

（8）**马五进七**　将5平6　　（9）**车三退一**　车8平6

黑方如车8进5，车三进二，将6进1，炮八退一，马3退5，帅五平六，炮9平7，帅六进一，车8退5，后马进八，红方胜势。

（10）**车三进二**　将6进1　　（11）**炮八平四**　卒3进1

红方"倒背手"串打黑车下得异常冷静，以后经过转化，红方可获得无大风险的优势局面。

（12）**炮四退四**　车6退4　　（13）**相五进七**　车6平3

（14）**后马进六**　车3平4

黑方如车3进1，马六进四，黑方也无好的办法。

（15）**车三退一**　将6退1　　（16）**马七退五**　将6平5

（17）**马五进七**　将5平4　　（18）**车三退一**　马3退5

（19）**马七退五**　将4平5

黑方不能车4进1吃马，车三进二，将4进1，马五退七，将4进1，车三平六，红胜。

（20）车三平二　车4进1　　（21）车二进二　马5退7
（22）车二平三　将5进1　　（23）马五进七　将5平4
（24）相七退五

至此双方子力相差悬殊，黑方认输。

例2 如图8-30来自实战，红方先行。观枰可知红方明显有利，黑方只是在红方三路有些威胁，红方如果在攻守两端处理好，取胜不是难事。

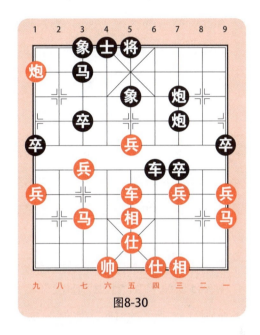

图8-30

（1）车五平六　前炮平4

红方平车叫吃黑底士有些急躁，可兵五进一，后炮退2，兵三进一，车6进3，帅六进一，炮7进6，马一退二，红方优势不小。

（2）帅六平五　车6平5　　（3）兵五平四　卒7平6

红方平兵正常，准备组织车马炮的配合攻势。如求稳走车六平五，卒7平6，兵五进一，炮4进1，车五进一，卒6平5，兵三进一，卒5平6，马七进八，卒6平7，马八进七，红方虽然占优，但局面将大为缓和，黑方周旋余地大增。

（4）兵四进一　车5退1　　（5）兵四进一　炮7进2
（6）兵四进一　炮4平7　　（7）帅五平六　后炮平4
（8）帅六平五　炮4平5

黑方如再炮4平7，帅五平六，炮7平4，帅六平五，黑方一杀一将对红方两闲，黑方要变着，不变判负。

（9）**马一退三** 炮7进4

红方弃掉弱马消除己方三路线的危险，下得明智。

（10）**车六进五** 炮7平6

红方可兵四进一，将5平6，车六进六，马3退5，马七进六，红方攻势亦很强大。实战中黑方走完此步超时判负，如不超时，红方可接走帅五平六，炮5平4，车六平七，车5平4，帅六平五，炮4平7，仕五进四，红方优势。

十六、谋定而后动

指在对弈中要先想好，制订出相应的计划再去实施，这样才是正确的思路。如果漫无目的地走子，走到哪儿算哪儿，是不会下出好棋的。

例1 如图8-31是2016年全国团体赛郑惟桐对阵刘强的盘面，红方先行。红方经过考虑，利用黑方缺象及车低头的弱点，制订出升右炮左移的计划。

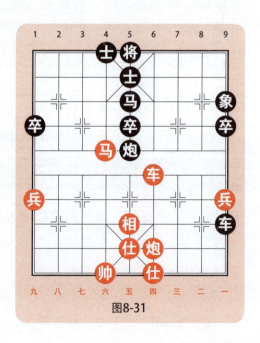

图8-31

（1）**炮四进二** 马5进3

红方高炮是求胜的下法，带有一定的冒险性。平稳的下法是车四平五，车9退1（如炮5进3？仕五进四，黑要丢子），黑方跳马软弱，可大胆车9平5吃相，炮四平五，车5平2，帅五平六，车2退5，黑方乐观。

（2）炮四平八　马3退4　　（3）炮八平七　马4进2

黑方进马防杀看似自然，实则给了红方先手进攻的机会，可走士5退6，炮七进六，士4进5，车四平七，车9退1，炮七平九，车9平2，双方互缠。

（4）马六进八　炮5平3

红方进马好棋，暗伏炮七进六，马2退3，马八进七的杀着。

（5）炮七平八　炮3平2　　（6）车四进一　炮2进1
（7）车四退一　炮2退1　　（8）车四进一　炮2进1
（9）车四退一　炮2退1　　（10）车四进一　炮2进1
（11）马八退七　马2进1　　（12）马七进八　士5进6

红方车马炮三子皆尽其妙，红马再度跃进，撕破了黑方防线。

（13）炮八平五

至此黑方门户洞开，难以抵御，遂主动认输。

例2　如图8-32选自实战，红方先行。观枰可知红方子力位置及兵种配置较好，但黑方阵形稳固，还多出三卒。红方若不能有所作为，前景不妙。

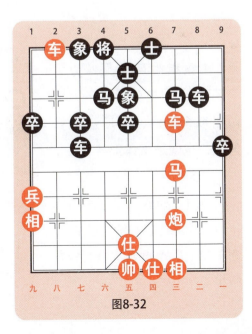

图8-32

（1）相三进一　马7退8

红方飞相好棋，如直接车三进一，车8平7，炮三进五，车3平7，炮三平六，士5进4，红方恐难以取胜。黑方退马无奈，否则要丢子。

（2）车三平五　马8进6

红方逼退黑马，借机吃掉中卒，局面得到很大改观。

（3）炮三平六　将4平5　　（4）车五平六　车8进2

（5）马三进四　车3平2　　（6）炮六平五　马6进5

在红方连续压迫下，黑方弈出漏着，跳中马白失一子。应将5平4，车八退四，车8平2，炮五平四，车2平6，帅五平六，将4平5，黑方虽然被动，但尚不失子。

（7）车八退四　车8平2　　（8）车六平五　车2平5

（9）马四进三　将5平4　　（10）炮五平六　车5平4

（11）车五平七　卒9进1　　（12）车七平九　卒9进1

（13）车九进三　车4进2　　（14）马三退五　卒9进1

（15）车九平七　将4进1　　（16）马五退三

优劣悬殊，红胜。

十七、宁失子，不失先

在象棋中历来是"势大于子"，所以当先手与子力要做出取舍的时候，应该选择先手，也就是整体形势为上。

例1　如图8-33是2016年全国象棋团体赛武俊强对谢靖的实战盘面，轮黑方行棋。

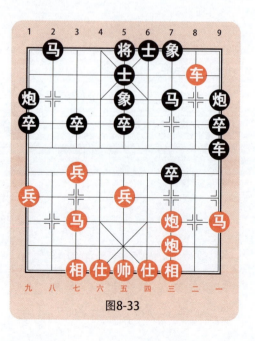

图8-33

（1）………… 卒3进1

黑方兑3卒弃马大局观明了，当然也是必然的下法。如炮2退1，车二退一，黑方也将失子。

（2）马一进二　车9进2

红方如炮三进五，炮1平7，炮三进六，卒3进1，黑方虽少一子，但双卒过河足可一战。或走兵七进一，车9平3，马七进六，车3平4，马六退五（如马六退七，炮9进5，相三进一，车4进3，黑方捉双），车4进2，炮三进五，炮1平7，炮三进六，车4平5，黑方亦可对抗。

（3）相三进五　卒3进1

红方补相似缓，可兵七进一，车9平8，马七进六，士5退4，后炮进三，士6进5，相三进五，红方占优。

（4）后炮进三　车9平7　　（5）车二平四　马7进8

（6）后炮退二　炮9平6

黑方平炮扣车开始全面掌控棋局。

（7）马二退一　车7进3

红方应先车四平三还好些，黑方弃车砍炮先弃后取简单利落，步入胜势。

（8）相五退三　炮1退1　　（9）车四退一　士5进6

至此黑方具有压倒优势，最终获胜，下略。

例2　如图8-34选自象棋甲级联赛的一个开局，轮红方行棋。

（1）仕四进五　车2平3

面对黑方准备平车吃兵压马的威胁，红方补仕深谋远虑，准备弃子争先。如炮八平九，车2平3，车八进二？炮4进5，黑方得子。

（2）炮八进二　车3进1

红方高炮弃掉左马是补仕的后续走法，准备与右炮配合，对黑方阵形的薄弱处予以打击。黑车吃马似嫌急，不如士4进5先补一手较好，以下红方车八进二，卒3进1，炮八进四，卒3进1，炮八平七，炮4进4，双方互缠。

图8-34

（3）炮二平五　马7进5

黑方一车换二亦是不得已，如士6进5，车二进九，马7退8，炮八平七，将5平6，车八进五，红方弃子夺势，优势明显。又如士4进5，车二进九，马7退8，炮八平七，将5平4，车八进八，马8进7，车八平六！将4平5，炮七进三，红方得回一子占优。

（4）车二进九　炮4进6　　（5）车八进一　炮4退7

（6）车二平三　车3退3　　（7）炮八进三　炮5退1

至此红方布局优势明显，以下可接走炮八退一，黑方面临苦战。

十八、棋错一着满盘皆输

指在全盘对弈当中，最为关键的一手棋出现错误，造成局面难以挽回。

例1 如图8-35。

图8-35

（1）炮八进三　车2退2

双方兑去一炮，棋局形势简明。

（2）车二进一　车2进2
（3）炮四退二　卒3进1
（4）炮四平三　马3进4
（5）车四平六　卒3进1
（6）车六平七　马7退6
（7）炮三平二　马6进5

黑方马吃中兵，令人诧异，败着。应走卒7进1送卒，车七平三，马6进5，马三进五，马4进5，马七进五，炮8进3，车二进三，车2平8，黑方略优。

（8）马三进五　马4进5　　（9）马七进五　车2进2
（10）车七平五

红方得子，黑方认负。

例2 如图8-36来自实战中局，轮红方走棋。

（1）炮七平一　车1平2

红方炮打边卒是实惠的下法，谋求多兵，意在争胜。如按常规走马七进八封住黑车出路，黑方炮1进4，炮七平一，卒1进1，车六进二，卒1进1，马八进七，车1平4，双方接近均势。

（2）炮八进四　马8进7

红方进炮卒林成担子炮封住黑车，是上步炮击边卒的延续，黑马踩三兵也属正常。

（3）兵七进一　象5进3

红方送掉七兵总感觉代价太大，不如先炮一平三盯一下黑马较好，以下黑方如马7退6，车六平四，卒5进1，炮八平七，车2平4，炮三进二，车4进3，兵七进一，炮8进2，马三进四，卒7进1，马四进六，红优。黑方又如马7进5，车六平二，黑方要失子。

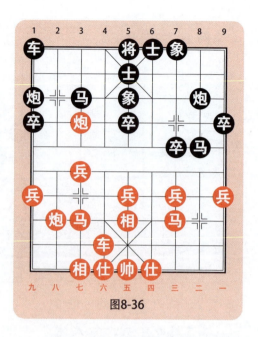

图8-36

（4）车六进五　车2平4　　（5）马七进六　卒5进1

黑方进中卒软弱，使自己阵形虚浮。可车4进3，炮一平六，马7进9，仕四进五，炮8平6，炮八平五，马3进5，马六进五，马9进7，帅五平四，象7进5，各有千秋。

（6）车六进三　士5退4　　（7）炮八退三　炮1进4

严重失误！黑方可能感觉到己方局势不妙，急于摆脱落后形势，才慌不择路走出大漏着。可炮8平7，炮一平三，马7退8，炮三进三，将5进1，马三进四，红优无疑，但黑方尚有很多不确定因素。

（8）马六退七　马7退6

红方回马一蹬黑方丢子。

（9）马七进九

至此红方净吃一子最终获胜，下略。

十九、善战者求势

指善于争胜的棋手追求的是棋之大势,也就是注重整体棋形的攻势。

例1 如图8-37红方先行,面对黑车吃红马和黑马踩红炮的双重威胁,红方没有简单兑子处理,而是找到了保持攻势的办法。

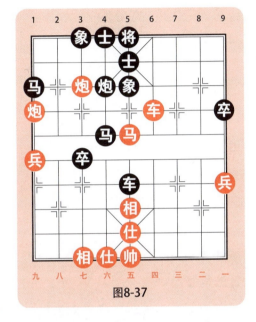

图8-37

(1)炮七退二 马1进3

红炮退二是构思精妙的好棋。如马五进六,士5进4,车四平六,马4进6,车六平一,马6进4,红方不易控制。黑方如车5平8(如象5进3,炮九平五,士5退6,炮五退三,马4进5,马五进六,红方胜定),车四平六,马4进5,仕五退四,卒3进1,兵九进一,卒3进1,车六平一,车8退6,炮九平五,红方成全控之势。

(2)车四平六 炮4平1 (3)车六退一 象5进3
(4)马五退三 车5平6 (5)车六进一 马3退2

红方亦可车六平七,炮1进3,马三进二,马3退5,车七进四,红方厉害。

(6)炮九平一 卒3进1
(7)车六平二 将5平6 (8)马三进一 炮1平7
(9)车二平三 车6退2 (10)兵一进一

至此黑方门户洞开，如再接走车6退2，炮一进一，黑方也难下，遂推枰认输。

例2 如图8-38轮黑方走棋，黑方抓住己方车炮对红方"三相"的威胁不放，最终做出棋来。

图8-38

（1）………… 炮2平5

黑方平中炮叫吃红方底相，数子组成立体进攻取势，是正确的下法。

（2）仕六进五　车7进1

黑车进一牵制红方车马并让出炮5平7的攻击点，着法紧凑！

（3）车八进三　炮5平7　（4）相三进一　车7进2

红方如仕五退六，车7进2，炮二进四，炮7进5，相五退三，炮7进7，士4进5，炮7平8，帅五平四，炮8退4，兵五进一，车7进1，帅四进一，车4进4，黑方攻势猛烈。

（5）马六进四　车7平8　（6）马四进三　车8平5

（7）马三退一　炮7退3　（8）相一进三　车5退1

（9）炮七平八　车4进2　（10）炮八进二　马3进1

红方兑炮又是错着，应车七进二顽强些。

（11）炮八平三　马1进2　（12）炮三退一　象5退3

（13）车七平八　将5平4（黑胜）

二十、微隙在所必乘

指要利用对方的漏洞,哪怕是再微小的错误也不能放过,这样自己才可以占据优势。

例1 如图8-39来自实战中局,红方先行。

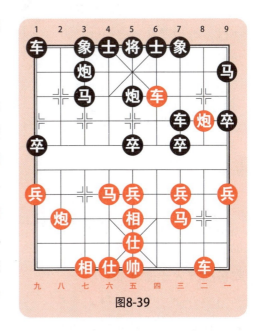

图8-39

(1)炮二进二　车1平2

红方点敌下二路炮,使黑方阵形出现缝隙。黑方如士4进5,车四平一,炮3平8,车二进八,车1平2(如炮5平4,炮八平六,黑方也要丢子),车一进一,车2进6,马六进五,车7平5,马五退七,红方得子占优。

(2)车四退三　卒5进1

黑方如车2进6,车二平四,士4进5,炮二平七,马9进7,前车平六,红方得子。

(3)兵五进一　车7平4　　(4)车四退一　车2进3

(5)车二平四　炮3进8

黑方只好弃炮轰相寻找一些机会。

(6)相五退七　士4进5　　(7)炮八平六　车4平8

(8)前车进五　车2进3　　(9)马六进七(红胜)

例 2 如图 8-40 局势，表面上红方大军压境，但由于红方后防缺仕少相，亦有很大隐患。黑方利用先行之利，抓住红方瞬间所暴露的缺口，夺取了优势。

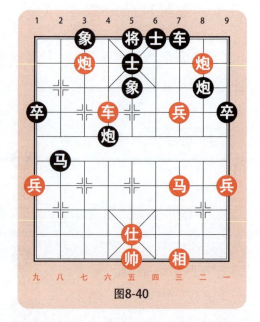

图8-40

（1）………… 炮 8 进 1

黑方抬炮打车正当其时，也是类似局面下常用的战术手段。

（2）兵三平二　车 7 进 6

红方只好平兵吃炮交换，如兵三进一，炮 8 进 7，相三进五，车 7 进 2，红方更难下。黑方大车杀出，红方脆弱的后防线立时暴露在黑方大子面前。

（3）相三进五　炮 4 平 5　　（4）车六平三　车 7 平 1

黑炮镇中，黑车左右通透，再加上黑马路也灵活，红方已危在旦夕。

（5）炮七退八　马 2 进 4　　（6）车三平四　马 4 进 5
（7）车四平五　车 1 退 2　　（8）车五平三　马 5 退 3
（9）帅五平四　车 1 进 2

至此红方亏得较多，无心恋战，遂推盘认输。

二十一、勇者制胜，善出奇兵

指在对弈当中善于追求胜利的棋手，经常会在攻击当中跳出常规思路，走一些出乎意料的妙手，使对方难以抵挡。

例1 如图8-41。

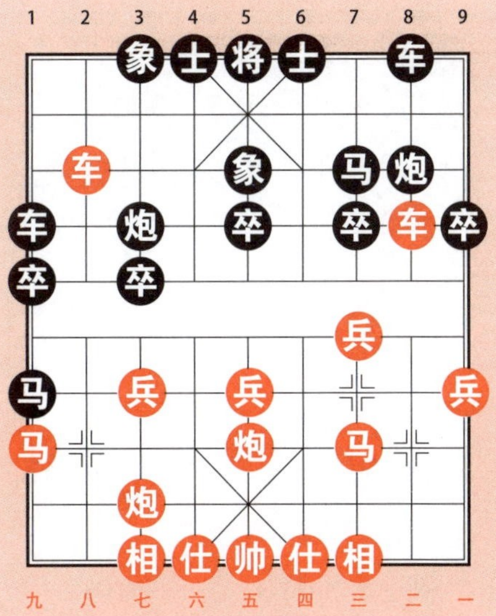

（1）炮七平二

红方突然走出献炮的冷着，令黑方十分意外。黑方不能炮8进6去炮，否则红方车二进三兑车，马7退8后，红方中炮借打中卒将军，抽掉黑方1路边车，胜负立判。

图8-41

（1）……………… 卒7进1

（2）车二退二 炮3退2

黑方弃炮准备过卒。

（3）炮二平九

红方不愿得子失势，红炮又回到九路打黑马，抢得一手棋。

（3）……………… 卒1进1　　（4）兵三进一　炮8平9

（5）兵三进一

三路兵过河威胁黑马，至此红方取得一定盘面主动权。

（5）……………… 车8进5　　（6）马三进二　马7退5

（7）车八退四 马5进3　　（8）马二进四　士6进5

（9）兵五进一 马3进4　　（10）马九退七　卒1平2

（11）炮九进五 卒2进1

黑方主动兑去一车，意在缓解压力，但位置的确太差。

（12）炮五进四 炮3进5　　（13）马七进五　马4退3

（14）炮五平一　炮9进4　　（15）炮九平四　炮3平4
（16）马五进三　士5进6　　（17）兵三进一
红方再度挺兵，兵贵神速。
（17）………　士4进5　　（18）炮四平二　将5平4
（19）炮二进三　马3进5　　（20）马三进二　炮9进2
（21）马四进六　炮9平2　　（22）仕四进五　马5进7
（23）炮一进三　将4进1　　（24）炮二退一　将4退1
（25）炮二进一　将4进1　　（26）炮二退一　将4退1
（27）兵三进一　马1退2　　（28）兵三平四　将4进1
（29）兵四平五　将4进1　　（30）炮一退二

无法阻挡红方马六进四弃马做杀，黑方认负。

例2　如图8-42是2015年全国团体赛洪智对王昊的布局盘面，红方先行。

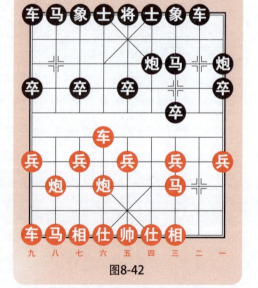

图8-42

（1）炮六进七　士6进5
红方毅然炮轰底士抢先发难，尽管打士之后红方出子速度略有缓慢，但红方准备凭借自己强大的中局实力与黑方纠缠。

（2）炮六退一　马2进3
（3）马八进九　车1平2
（4）车九平八　车2进4　　（5）炮八平六　车2进5
（6）马九退八　车8进6

黑方进车看似自然，其实不如马7进6简明，红方如车六进一，马6进5！马三进五，炮6平5，盘面复杂，双方对抢先手。

（7）相三进五　车8平7　　（8）车六平七　炮9进4

红方平车既可进车吃卒又可退炮打车，攻守两利之着，体现出全国冠军"洪天王"深厚的功力。

（9）马八进七　象7进5

红方跳马攻守兼备，黑方补象有嫌保守，可考虑炮9进3，仕四进五，车7平8，车四平一，车8进3，仕五退四，车8退4，车一退四，车8平4，仕四进五，车4退4，兵七进一，车4进3，黑方不差。

（10）马三进一　车7平9　　（11）车七进二　马7进6

黑方如车9平5，后炮进四，黑要丢子。

（12）后炮进一　车9退1　　（13）兵七进一　卒7进1

黑方选择过7卒对攻，整体计划有误。可走炮6平8保持对红方底线的牵制，以下红方如前炮平八，车9进2，仕四进五，车9进2，仕五退四，车9退2，双方不变做和。

（14）兵七进一　卒7进1　　（15）兵七平六　卒7进1

（16）后炮平七　马3退1

红方应仕六进五先补一手较好。黑方退3路马错失战机，应炮6进7打仕，黑方机会不少。

（17）车七平五　马6进4

黑方仍应炮6进7，误入马造成局势难以挽回了。

（18）炮六平八　士5退4

红方弃马精彩！黑方如马4进3，炮八进一，士5退4，车五进一，黑方也不行。

（19）相五进七　士4进5

红方高相又是一步好棋。

（20）炮八进一　象3进1　　（21）炮八退五

红方退炮拉住黑方车马,进攻节奏恰到好处。至此黑方难逃失子,遂推枰认输。

二十二、真假先手,辨清再走

指在下棋中要走真先手,这样局势才会朝着有利于己方的方向发展。如果是假先手,则会适得其反,被对方识破,形势反而会不可收拾。

例1 如图8-43亦出自实战,黑方先行。目前黑方虽然少子,但整体尚有一些先手,如果应对得当,还可与红方周旋。

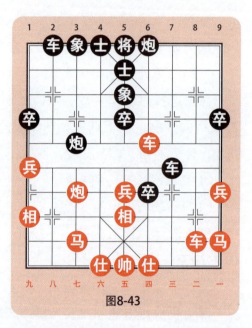

图8-43

(1)............ 车7退3

黑方退车是"眼光着",造成过河卒白白丢失,可卒5进1,红方如车四退二,车7平4,马一进二,车2进8,车四进一,车4进2,黑方尚可战。红方又如车四平五,车7平6,马一进二,车6退2,相九退七,卒6平5,车五退二,士5进6,黑方有望追回失子。

(2)炮七平四　车2进8

黑方进车牵马是发现了前着之失,现在如士5进6,车四平六,炮6进6,车二进八,将5进1,车六进三,红方大优。

(3)炮四进六　士5退6　　(4)车二平四　士4进5

（5）马七进六　车2平6　　（6）车四退四　车7进4
（7）马六进七　象5进3　　（8）兵五进一　车7平9
（9）车四平八　车9平5　　（10）相九进七　车5退1
（11）车八进五　车5进1　　（12）车八平九

至此形成红方胜机较大的残局。

例2 如图8-44选自实战，红方先行。

（1）炮三平五　马6进7

面对黑方捉炮的先手，红方未及细算，想当然地平中炮准备打将先手抽车，忽略了黑方的巧着，造成局面被动。红方可车七退三，双方平稳。黑方入马是见缝插针的好棋，也是预先谋划的着法。

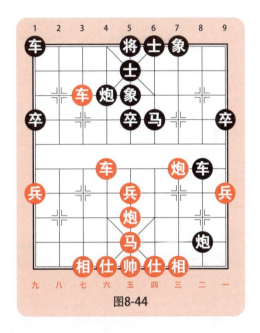

图8-44

（2）前炮进三　象7进5　　（3）车六平四

红方硬着头皮炮打象再平车占肋，防黑马挂角杀，准备先弃后取，可谓煞费苦心。如改走马五进三，马7进6，帅五进一，车8平7，黑优。

（3）…………　马7进8

黑方进马错失良机！应车1平2！马五进三，车2进5！兵五进一，车2平5，仕六进五，车5平6，炮五进五，将5平4，马三进四，马7进6，仕五进四，车8平6，黑方多子占优。

（4）车四平二　炮8退3　　（5）马五进三　马8进7

（6）马三进二　马7退6　　（7）帅五进一　车1平2
（8）炮五进四　车2进8　　（9）帅五进一　车2退1
（10）帅五退一　车2退4

至此双方和势。

二十三、借势谋子

指主动方在实施攻击的过程中，利用子力占位、空间大小、攻击速度等优势，在不能够直接形成杀棋的情况下，最后吃得对方的大子。

例1　如图8-45是2016年全国个人赛腾飞对汪洋的实战中局，目前双方子力对等。但红方三路马未活，黑方车双炮活跃，占有主动权。

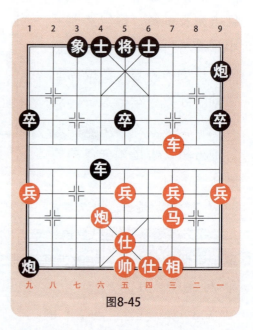

图8-45

（1）……　　车4平2
（2）车三平七

黑方平车叫抽策动攻势，正常之步，亦可炮9平2，车三平八，炮2平7，黑方有攻势。

（2）……　　车2进4　　（3）炮六退二　车2退2
（4）炮六进二　炮9平7

黑方平炮打马充分利用红方弱点，可谓击中要害。

（5）相三进五　车2进2

红方飞相如改走马三退一,则车 2 进 2,炮六退二,象 3 进 5,车七退四,炮 1 平 4,仕五退六,车 2 退 3,黑方简明优势。

(6)**仕五退六** 车 2 退 5　　(7)**车七退五** 炮 1 退 2

黑方抓住红方弱点不放,红方举步维艰。

(8)**马三退二** 炮 1 平 5　　(9)**兵三进一** 车 2 进 4

(10)**马二进三** 车 2 平 4

黑方平车捉炮是得子的好棋。

(11)**炮六平八** 车 4 退 1　　(12)**炮八进七** 炮 7 进 6

红方如炮八平五,车 4 平 5,马三退五,炮 7 平 8,绝杀。

(13)**车七进九** 将 5 进 1　　(14)**帅五进一** 炮 7 平 9

(15)**车七退一** 将 5 进 1　　(16)**车七退一** 将 5 退 1

(17)**车七进一** 将 5 进 1　　(18)**兵三进一** 炮 5 平 8

(19)**车七平二** 车 4 平 5　　(20)**帅五平四** 炮 9 进 1

红方如帅五平六,炮 9 进 1,黑胜。

(21)**仕四进五** 车 5 平 7

至此成绝杀之势,红方认输。

例2 如图 8-46 出自实战,红方先行。

(1)**车三平九** 车 6 平 4

(2)**车九进一** 炮 1 进 2

红车进一有力,保红马的同时暗伏得子的手段。黑方可考虑马 8 退 6,马六退八,炮 1 平 3,马七进九,炮 3 退 5,车九平五,红虽

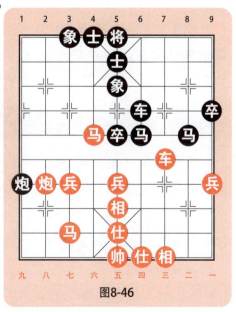

图8-46

占优，但黑方不致失子。

（3）兵五进一　卒5进1

红方送中兵精巧，奠定得子的基础。

（4）马六退八　车4进5

红方一手回马，得子已成定局，黑方只好争取一些先手，看看能否浑水摸鱼。

（5）车九退四　马6进4　　（6）炮八平九　卒5进1

（7）马七进八　车4平1　　（8）后马退九　马4退6

红方走得细致，至此再换一车，胜局已定。

（9）马八进六

二十四、暗度陈仓

指对弈中在对方不是很留意的线路上展开进攻，并且获得最后的优势。

例1 如图8-47是2016年全国个人赛汪洋对万春林的实战。

（1）车八进二　炮8平9

红方高车坐等黑车来兑是想保留变化。如车八进九，马3退2，炮五进四，士4进5，车二平八，马2进3，红方无便宜可占。

（2）马六进七　炮1进4

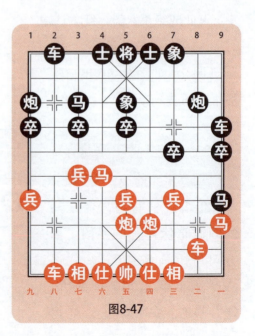

图8-47

（3）车二平九　炮1退2　　（4）车八进七　马3退2

（5）兵五进一　卒9进1　　（6）马七进八　马2进4

黑方进马出现严重失误，使局势急转直下。应士6进5，兵七进一，车9平6，仕四进五，象5进3，马八退九，炮9平1，双方仍是互缠之势。

（7）车九平六　炮9退1

红方平车肋道捉马，黑方已难办。退炮是权宜之计，如将5进1，炮五平九，炮1平2，车六进四，炮2退2，马八进六，车9平6，炮四平六，马4退2，红方优势。

（8）车六进七　士6进5　　（9）炮四进六　车9平6

（10）炮四平二　马9进7　　（11）仕六进五　卒9进1

（12）马一退三　车6平8　　（13）炮五平九　炮1平6

红方突然平边炮，是入局的好棋。上一回合，黑方如先炮1进5，相七进九，车6平8，炮五平八！车8退2，马八退九，将5平6，马九进七，炮9退1，马七进六！士5退4，车六进一，将6进1，车六退一，将6退1，车六平二，红方得车胜定。

（14）马八退九　车8退2　　（15）马九进七

至此黑方主动认输，如炮6平1，炮九平八，炮1平2，马七退八，红方多子胜势。或走将5平6，炮九进七，将6进1，马七进六，将6进1，炮九退二，士5进4，车六平二，红方胜定。

例2 如图8-48面对黑马踏中兵，红方邀兑三路兵，一来活通一路边马，二来对中兵也有照应。

（1）车二进三　卒7进1

红高车盯住黑车马，是上一手兑兵着法的延续。

（2）兵一进一　卒7平8

红方冲边兵着法刁钻。黑方如卒9进1，马七进五，炮5进4

（如卒9进1，车二进三，炮5进4，马一进三，红方优势），炮5进4，车二平五，车3平5，马一进三，车5平2，炮一进七，车2进1，车六进八，士4进5，马三进四，士5进6，车六退一，红方大优。

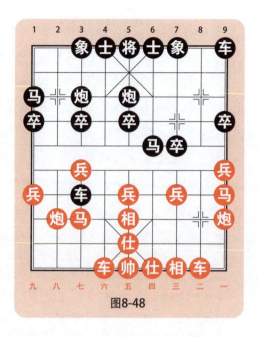

图8-48

（3）车二平四　马5进3

（4）车四平七　马3进4

（5）帅五平六　卒9进1

（6）炮八进四　卒5进1

黑方挺中卒似嫌随手，不如车9进3，红子虽活跃，但黑方多卒，足可一战。

（7）马一进三　车9平8

红马趁势跳出占据好位，局面乐观。

（8）马三进四　车8进1　　（9）车七平六　士4进5

黑方如士6进5，红方有车六平三的先手，黑方也不舒服。

（10）炮八进二　炮3退1

黑方如炮5平4，帅六平五，车8退1，马四进三，将5平4，炮八平九，红方主动。

（11）车六进五　车8平6　　（12）炮八平九　车6进2

（13）炮九进一　马1退2　　（14）车六平七　车6平4

（15）帅六平五　将5平4　　（16）炮一平三　车4平7

（17）炮三平四　车7平6　　（18）车七进一　将4进1

（19）车七平八　卒5进1　　（20）车八退四　卒9进1

（21）炮九平三　卒5平4　　（22）车八平六　士5进4

（23）帅五平六　车6进2

红方先出帅细致，如车六退一，车6进4，帅五平六，炮5进5，车六进三，将4平5，车六进一，将5进1，仕四进五，车6进1，黑方还有机会。

（24）炮三退三　车6退2　　（25）炮三进一　卒4平5
（26）炮三平六　士6进5　　（27）炮六平八　炮5平4
（28）帅六平五　卒5进1　　（29）相五退七　车6进2
（30）相七进九　车6进1　　（31）炮四平六　卒5平4
（32）炮六退二　卒4平3　　（33）炮六进四　车6平4
（34）炮八退三　后卒进1　　（35）车六平七　炮4平5
（36）车七平五　炮5平6　　（37）车五平六　士5进4
（38）车六平九　将4平5　　（39）车九平五　将5平6
（40）炮六平四　炮6平7　　（41）炮四退三　士4退5
（42）车五平四　士5进6　　（43）炮八进一（黑方认负）

二十五、兵贵神速

指在某些局面下，子力迅速投入战斗或是与对方棋子接触，第一时间参与战斗。这样往往可以打乱对方的布置，使对手措手不及。

例1　如图8-49。

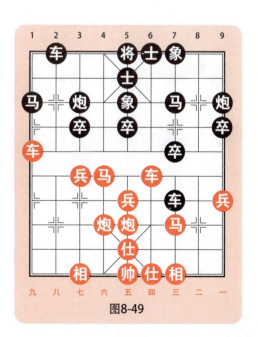

图8-49

（1）…………　马1进2

黑马强行跃出，加快出

动速度，是正确的下法。

（2）兵七进一　马2进3　　（3）兵七平八　卒7进1

红方如兵七进一，炮3退2，红方虽然多过一兵，但黑2路车活跃，随时有车2进9捉底相的攻势，黑方满意。

（4）车四退二　卒7平8

黑方可车7平8，似更见有利。

（5）炮六进一　车7退2　　（6）炮五平八　车2平3

（7）相七进五　卒8平7

红方先补相还是明智的，如马三进二吃卒，车7进1，马六退四，车3平4，炮六退三，炮9进4，黑方攻势猛烈，红方难以抵挡。

（8）马三退二　炮9平8　　（9）车四平三　炮8进3

（10）马六退四　车7平4　（11）车三进二　炮8退1

（12）炮八进一　车4进2

红方这样保炮，让黑方获得了不可动摇的简明优势。不如炮六进一，马7进6，炮六平七，车4平2，车九平八，炮8平2，马二进三，卒3进1，炮七进三，车3进2，黑方占优，但红方比实战下法要好。

（13）炮八平六　炮8平1　（14）兵八平九　车3平4

（15）炮六退一　马3进1　（16）炮六平八　车4平2

（17）相五进七　车2进7　（18）相七退九　车2平1

（19）兵九平八　车1平2　（20）兵八平九　卒3进1

至此黑方优势明显，最终获胜（下略）。

例2　如图8-50是2016年全国个人赛邱东对赵鑫鑫，盘面上黑方双马不活，似局面不佳。

(1) ……………… 卒 3 进 1

黑方弃卒尽快开通大子，是常见的下法，也是本局争先的佳着。

(2) 兵七进一　车 8 进 4
(3) 兵七进一　车 8 平 3
(4) 马七进六　炮 2 平 4
(5) 马六进五　马 7 进 5

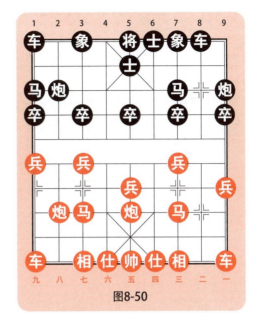

图8-50

红方马吃中卒虽呈多兵之势，但造成黑车快速开出，红方难以把握，似不如兵七平八，象 3 进 5，马三进四，马 1 退 3，炮五平三，马 3 进 2，相七进五，双方平稳。

(6) 炮五进四　象 3 进 5　　(7) 兵七平六　炮 4 平 3
(8) 相七进五　车 1 平 4

黑方顺利开出1路车捉死红兵，局面乐观。

(9) 车一进一　车 4 进 3　　(10) 炮五退二　车 3 平 2
(11) 炮八平七　马 1 进 3　　(12) 炮七进五　炮 9 平 3
(13) 炮五平七　炮 3 平 1

红方看到没便宜可占，主动兑炮简化局面。结果欲速不达，造成进一步的被动。可车一平四，将 5 平 4，车四平九，卒 7 进 1，仕六进五，卒 7 进 1，相五进三，红方坚守待变，尽管稍落下风，但尚无大碍。

(14) 车九平七　卒 1 进 1

黑方兑边卒使红方颇为难堪。

(15) 兵九进一　马 3 进 1

红方只好接受兑兵，不然让黑边卒渡河也是心腹之患。但黑马入边陲,红方防守起来亦感吃力。

（16）炮七退三　马1进2　（17）车七平九　车2平4

（18）炮七平六　前车进4

在重压之下,红方最后盲着至败,以下如车一平六,车4进4,车九进七,马2进3,红方要丢车。

二十六、不贪食饵兵

指不要因为贪吃对方某些棋子,而破坏自己的整体阵形或是子力出动的速度,否则往往得不偿失。

例1　如图8-51是笔者的一盘实战中局,双方下无车棋,盘面上似乎势均力敌,作为红方怎样才能有所发展呢?

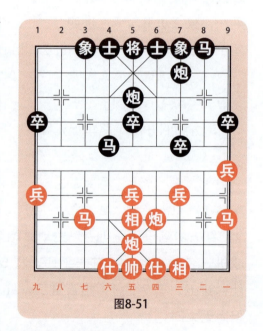

图8-51

（1）马一进二　炮7进5

红方故意露出破绽拍马而上,黑方炮击三兵不够明智,应马8进7成堂堂之阵,黑方丝毫不落下风。

（2）马二进四　炮7进1

红方借机进马捉炮,局面开始变得主动起来。

（3）炮五平三　马4进6

黑方应象7进9护住7路卒较好。

（4）炮三进四　马6进4

黑方可马6进8，炮三退二，马8进7，马四进三，炮7退5，炮三进六，士6进5，仕六进五，炮7平9，炮三平一，红方稍好。

（5）仕四进五　士6进5

红方亦可炮三退二，马4进3，帅五进一，炮5平2，马七进八，红子占位较高，明显占优。

（6）炮三退二　马4退3　　（7）马七进六　马8进7
（8）炮三进三　卒5进1

黑方应炮5平1好些。

（9）马四进二　马7进5

红马扑进窥视卧槽，黑方难下。

（10）炮四进四　马5退3　　（11）炮三平一　炮5平8
（12）炮一退一　前马进4　　（13）炮四退五　炮7退6
（14）马二退三　炮7进8　　（15）炮一平二　炮7平9
（16）马三进五　马4退2　　（17）炮四进三　马2退4
（18）炮四平五　将5平6　　（19）士五进四　马4退5
（20）兵一进一　马5进6
（21）炮五平四（黑方认输）

例2　如图8-52是第三届全国智运会李雪松对王天一的棋局。

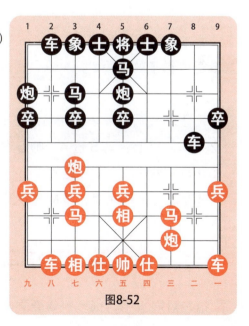

图8-52

（1）炮七进三　车2进9

红炮先打马贪图得象，从实战来看效果并不理想，可车八进九，马3退2，仕四进五，卒3进1，炮七平八，马2进3，车一平四，炮5平7，炮三平一，双方呈对峙之势，红方仍持先行之利。

（2）马七退八　马5进3　　（3）炮三进八　士6进5
（4）炮三退二　炮5进4

红方退炮打马，造成交换后黑方多卒并兵种占优。不如炮三平一，伺机对黑方形成牵制较好。

（5）马三进五　炮1平7　　（6）兵七进一　卒3进1
（7）车一平三　炮7平5　　（8）马八进七　车8进2

黑方平中炮及进车红方兵线下得紧凑有力，主要是限制了红方七路马的出路，由此完全掌握了主动权。

（9）马五进四　卒3进1　　（10）马四进六　炮5平4
（11）车三进九　士5退6　　（12）马六退七　马3进4
（13）车三退五　士4进5　　（14）兵一进一　车8平3
（15）后马退五　炮4平5

黑方复摆中炮，准备掩护黑马盘旋而上。

（16）车三平六　马4退6　　（17）马七进六　车3退3

黑方退车扳马暗伏车3平4，车六进二，马6进5，马五进三，马5退4得子的手段。

（18）马五进三　车3进6

红马跳出无奈之举，如马六退七？马6进5，马五进三，车3进2！车六平七，马5进4，帅五进一，马4退3，黑方得子。

（19）马三进五　车3退6　　（20）马五进七　卒5进1

至此黑方优势明显，并最终获胜（下略）。

二十七、当断不断，反受其乱

指在对局当中，很多时候要果断，不能犹豫不决。否则因为某步棋的处理不够坚决，反而会给自己带来不必要的麻烦。

例1 如图8-53选自实战中局，红方先行。

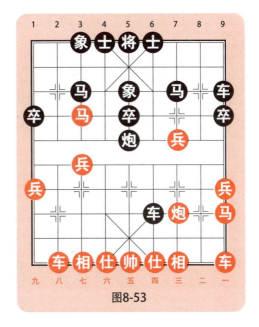

图8-53

（1）炮三退一　炮5进1
（2）车八进三

红方三路炮退一，准备保留变化，继续与黑方周旋，实际给自己带来无穷后患。应果断马七退五换炮，车6平7，马五进七，车7退4，车八进七，马7退5，相七进五，双方大致均势。黑炮及时进1不做交换，给自己留下了机会，为当走之步。

（2）……　马7进8

红方如马一进三，车6退1，黑优。黑方献马于兵口凶狠，准备运双车于肋线组杀。

（3）兵三平二　车9平6　（4）马一进三　前车进2
（5）帅五进一　前车平4　（6）马三进五　车6进7

黑方连弃马炮，双车联手进攻红方九宫，红方形势危如累卵。

（7）马五退三　士4进5

黑方补士寓意出将助攻，红方虽多两个大子，却难以防范。

（8）车一平二　车4平3　（9）车二进二　车3平5
（10）帅五平六　车5平4　（11）帅六平五　将5平4
（12）马七退六　车4退4

红方只好弃回一马来暂抵黑方攻势，争取到双车联手兑车。但防线尽毁已是于事无补。

（13）车八退一　车6平7　　（14）车八平六　车7退1

红方车二平三，车7退1，帅五平四，车4进3，帅五退1，车4平7，黑优。

（15）帅五退一　车4退1　　（16）马三进四　车7进1

（17）帅五进一　车7平4　　（18）车六退二　车4进5

红方连续吐回两个大子，才稳住局势，但子力损失太大，黑方最终获胜（下略）。

例2　如图8-54是2017年象棋甲级联赛时凤兰对刘欢的实战。

图8-54

（1）炮五进四　马6进7

红方炮击中卒主动弃子是在此盘面下比较新颖的下法。过去多为车四进二，炮1进4，兵五进一，马6进8，车四平九，马8进7，帅五进一，车6进7，黑方有攻势。

（2）车四进六　车8平6

（3）仕四进五　炮7平8

（4）相三进五　马7进9　　（5）炮九退一　马9退7

（6）炮五退二　马7退5　　（7）马六进七　车6平8

红方新着获得成功，黑方虽多一子，却无好棋可走，只好先平车试红方应手。

（8）仕五退四　马5进3　　（9）炮九平四　炮1进4

黑方如车8进3，兵三进一，车8进1，马7进5，炮8平5（如士6进5，马五进三，将5平6，车八平七，红胜势）。

（10）马七进五　炮8平5　　（11）马五进三　炮5平6

（12）马三退四　炮1平5

红方退马嫌软，应立刻车八进一，炮1平5，仕四进五，车8进7，炮四退一，车8退8，车八平四，后马进2，车四平八，车8平7，车八平三，红方得子胜势。

（13）仕六进五　炮6进7

红方可能用时紧张，慌乱之际再次出错。应炮四平五，车8平6，马四退六，前马进5，仕六进五，炮6平8，马六退五，车6进4，马五退七，红优。黑炮吃红炮之后伏有杀着，局势瞬间逆转。

（14）马四退三　炮6平8

红方只好如此，如马四进二，炮6平8绝杀。又如马四进三，炮6退7，红方大势已去。

（15）马三退五　前马退5　　（16）兵七进一　炮8进1
（17）相五退三　车8进3　　（18）车八退三　车8平6
（19）兵七进一　炮8退4

至此子力相差悬殊，红方认输。

二十八、积小胜为大胜

指在棋局优势不大或并没有什么优势可言的时候，可以见机吃掉对方的兵（卒），仕（士），相（象），囤积子力优势，这样在有机会的时候，再一击制胜。

例1　如图8-55是2017年女子象棋甲级联赛赵冠芳对玉思源的实战。

（1）车三进七

现在红方多双兵，但尚没有过河，七路马受制。红方先吃掉黑方底象，打开了对方的一个防守缺口，再逐步进取，是可行的下法。

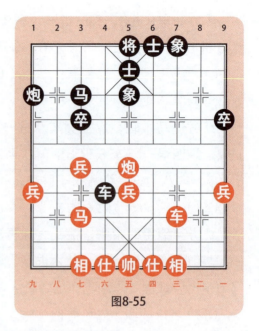

图8-55

（1）……　　车4平3
（2）车三退七　车3退1
（3）马七退五　马3进5

红方退窝心马意在摆脱牵制兼活车路，黑方跳马中路再失一象有些急躁，不如马3进1，车三平八，车3平2，黑方尚可周旋。

（4）车三平八　炮1平4　　（5）车八进七　炮4退2
（6）炮五进三　士5进4　　（7）炮五平一　士6进5
（8）炮一进二　车3进1　　（9）炮一平六　士5退4
（10）马五进三　车3平1　（11）车八退五　士4进5
（12）相三进五　车1退2

经过一番交换，形成红方车马双兵仕相全对黑方车马双卒双士的残局。红方还是有不少的机会。

（13）马三进二　车1平9

黑方还是应先车1平8定住红马较好。

（14）马二进三　车9进2　（15）兵五进一　马5进7
（16）车八进五　士5退4　（17）马三进五　马7进5

红方看到机会成熟，毅然放弃中兵，以车马冷着之势杀入黑阵。

（18）马五进三　将5平6　（19）车八平六　将6进1
（20）仕六进五　士4退5　（21）车六平七　车9平6

（22）马三退一　马5退6

红方退马边陲，攻势开始显现。

（23）马一退三　将6进1

黑将被定于高位，接下来马又被红车看死，黑方败势已定。

（24）车七退三　士5进4　　（25）车七平五　车6退2

（26）相五进七

红方扬相准备露帅助攻，黑方看到无法放守，推枰认负。

例2　如图8-56是2017年第十三届全运会象棋预赛大学生混合团体赛赵殿宇对张孝文的实战盘面，红方先行。目前双方子力完全相同，黑方位置略差一些。

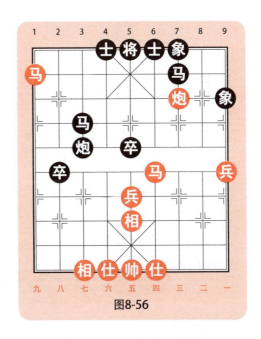

图8-56

（1）炮三平八　马3退2

红方平炮晃动试黑方应手，黑方退马太过保守，进退失据，造成局势被动，可士4进5先补一手，局面无大碍。

（2）马九退八　马7进5

红方退马除了吃死黑过河卒，还把黑2路马控制住，是必走之步。

（3）马四退六　炮3进2

红方先退马踩中卒兼吃黑炮是乘胜追击的下法，如俗手走炮八退三打卒，马2进3，黑方局势有所缓解。

（4）马六进五　炮3平2　　（5）炮八退三　炮2退3
（6）炮八进四　士4进5

转瞬之间红方连续消灭黑方双卒，成马炮双兵仕相全对马炮士象全的必胜局面。

（7）马五退七　炮2平8　　（8）兵一进一　炮8进6
（9）仕四进五　马5进7　　（10）兵一平二　马7进8
（11）炮八退四　马8进6

红方退炮打马，既解决了兵被捉的困扰，又伺机调整了炮位，是一举两得的下法。

（12）兵二进一　马6进8　　（13）兵二平三　马8进7
（14）仕五退四　马7退8　　（15）帅五进一　马8退6
（16）帅五平六　士5进4

红帅借应将之机平至六路，准备参与助攻，红方如虎添翼，胜势不可动摇。

（17）马七进八　士6进5　　（18）炮八平五　将5平6
（19）炮五平四　炮8退5　　（20）兵三进一　将6平5
（21）兵三进一　将5平6　　（22）马八退六　将6平5
（23）兵三平四　炮8平5　　（24）马六进八　马6退8
（25）炮四平六（红胜）

二十九、恋子莫如弃之

指在对方攻击自己某个子力的时候，如果强行保住这个子，将会对全局产生不利影响。不如考虑弃掉此子，以换取全盘的主动。

例1　如图8-57选自孟辰与张学潮两位大师的对局。

（1）兵七进一　炮8平6

红方弃马渡兵走得有力，如车一平四保马，卒3进1，黑方占优。

（2）兵七进一　马3退1

（3）马七进六　炮2退1

红方进兵逼退黑马，继而跃马踩炮占尽先手，红势可谓大涨。黑方应炮2进1顽强些，车一平四，炮6退5，车四进七，卒5进1，炮三平九，红优。

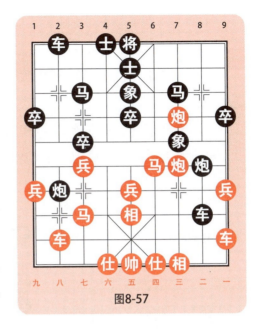

图8-57

（4）车一平四　炮6退5

红方亦可马六进四吃回一子后，获简明优势。黑方退底炮，谋划捉吃红方三路炮，也是煞费苦心，可走车2平3先保住多子，坚守待变较好。

（5）车八进三　车2进5　　（6）后炮平八　车8退4

（7）炮八进五　马1退3　　（8）马六进八　车8平7

因红势已成，红方再度弃子。如车四进五，炮6平7，马六进四，车8平7，车四平三，炮7进3，马四进三，炮7平3，马三退五，炮3退2，红方占优，但进入马炮棋争夺，棋局漫长。

（9）马八进六　士5进4

黑方如炮6进2，兵七进一，卒5进1，马六进四，士5进6，车四进六，红方优势。

（10）兵七进一　卒5进1　　（11）车四平六　将5进1

（12）兵七进一　车7平6　　（13）兵七进一　将5平6

（14）仕六进五　炮6平3　　（15）炮八退三　车6进3

（16）马六退七　士4进5　　（17）炮八进二　将6退1
（18）车六进五　将6平5　　（19）车六平三　马7退6

同是车马炮，位置却有天壤之别，黑方尽管竭力周旋，却回天乏力了。

（20）炮八进一　炮3进2　　（21）马七进八

黑方看到难以抵抗红方三子的联攻，遂推枰认输。

例2　如图8-58黑方威胁红七路马，红方如单纯逃马，则黑方小卒过河，局面满意。实战中红方审视全局大胆弃马，获取了全盘的主动权。

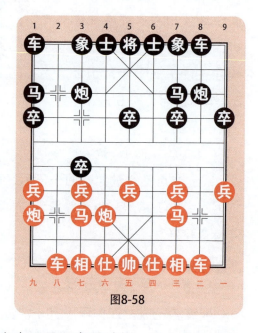

图8-58

（1）兵七进一　炮3进5
（2）车二进六　马1进3

红方挥车过河压制黑方左翼是弃马后的连续动作。

（3）马三退五　马3进4

红方退马窝心捉黑炮试黑方应手是既定的计划，黑方跳马准备主动弃还一子减轻压力。如炮3退1逃炮，车八进三，炮3进2，车二平三，车1进2，炮六平三，马7退5，车三平二，黑方虽多子但全盘受制。

（4）车二退二　马4退6　　（5）车二平四　炮3进1
（6）车四进一　车1进2　　（7）马五进六　炮3退2
（8）马六进七　炮3退2　　（9）兵七进一　象7进5
（10）兵七进一　车1平4　　（11）炮六进四　卒7进1

红方进炮把黑车封在内线,着法有力。

(12)车四进一　炮8进7　　(13)炮九平六　车4平1

(14)车八进八　士4进5　　(15)车四平三　车8进2

红方把黑方主力全面压制,掌握了盘面主动权,最终获胜(下略)。

三十、妙使顿挫

指在棋局的争夺中,利用先手迫使对方棋子损失步数或被己方占尽先机后,给全局带来非常有利的局面。

例1 如图8-59来自实战。

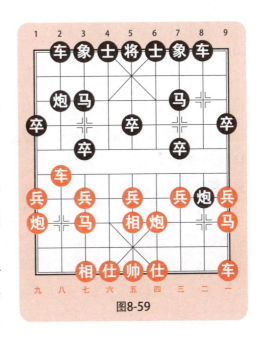

图8-59

(1)炮四平二　车8平9

红方平炮轰车是极好的顿挫,意在围歼黑方8路炮,黑方只好车回原路,如炮8平5,马七进五,红方仍然得子。

(2)车八平二　马3进4

黑炮被捉死,黑方亦无好的办法。只得拍马而上,尽人事而听天命了。

(3)车二退一　马4进6　　(4)车二进一　马6进4

黑方进马窥槽指望红方车二平六,马4进3,车六退三,马3退1,相七进九,车9平8,车一平二,车8进6,黑方尚可抢到一些先手。

（5）车一进一　炮2进4

红方升横车防止黑马卧槽，黑方顿时难应，慌忙进炮护马，但又遭到新的打击。

（6）炮九平八

红方致命而有趣的一击。以下黑方还要车2平1，车二平八，车9平8，相五退三，红方以相同的下法再得一炮。看到以上变化，黑方主动认输。

例2 如图8-60是笔者执红的一盘网络对局，面对黑马踩中兵兑马的交换，红方如何应对呢？

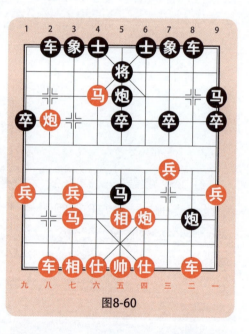

图8-60

（1）炮八进二　马5进3

红方高炮弃马是争先取势的佳着。当然不能马七进五，否则炮5进4，相五退七（如仕四进五，炮8平5，红方丢车），车2进2，黑方满意。黑方可马5退7较好，炮四进三，炮8平3，车二进九，马9退8，炮四平八，局面复杂。

（2）车八进六　炮8退5　　（3）炮八平九　炮8平4

红方平炮兑车主动再弃一子乃精妙之步！算准以后先弃后取能吃回失子，并获取主动权。黑方如车2进3，马六退八，炮5平2，炮四平八，红方占优。

（4）车八进三　车8进9　　（5）车八退一　将5退1

（6）炮四平七　炮4平3　　（7）炮七进五　炮5平8
（8）车八平七　象7进5　　（9）车七平二　炮8进2

红方平车牵制，顿挫及时，黑方防线开始出现松动。

（10）仕六进五　象5退7　　（11）车二平七　炮8平3

红车再平七线，黑方无法联象防守，否则边马将失。只好平炮倒打车以解燃眉之急。

（12）兵七进一

红方轻轻一步进七兵精彩之着，黑方随即认负。如炮3退3，炮七进三，士4进5，炮九进一，红胜。又如炮3退1，兵七进一，红方也胜定。

三十一、莫放虎出笼

指对方的车有时还在暗处，并没有参与战斗。在对局当中要尽可能限制对方车的参战，否则车开出后，对手如虎添翼，己方的局势将难以处理。

例1 如图8-61是笔者执红的实战中局，红方紧紧盯住黑车在底线不能轻易抬头的弱点展开了攻势。

（1）马三进五　前炮进3

红方没有选择相三进五求稳，而是盘马中路，加快大子出动步伐。红方放任黑炮进底叫将，也是看到没有黑车的帮助，黑方难有作为。

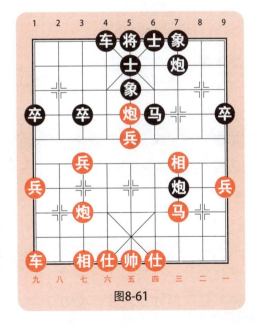

图8-61

黑方应改走车4平2暂时封住红车出路较好。

（2）仕四进五　马6进8

黑方还是应车4平2封住红车出路要好于实战。

（3）车九平八　马8进6　　（4）炮七平六　后炮平8

（5）帅五平四　炮8进8　　（6）帅四进一　炮8退7

（7）兵五平四　炮8平6

黑方可炮7退3，准备炮8进4有望透松局势。

（8）炮六平四　炮7退3　　（9）帅四退一　炮6平9

红帅退一后，黑方仅有的一些骚扰机会也都烟消云散了。

（10）相三退一　马6退4　（11）马五进六　车4进4

（12）兵四平五　车4退2

红方平兵撞车顺手牵羊，又占了一个便宜。

（13）车八进九　车4退2　（14）车八退六　炮7退4

黑方退炮速败，应炮7平4，炮四平六，炮9进4，车八进二，炮4平6，兵五平六，车4平3，也是红方大优。

（15）炮四平三

至此黑方失势又丢子，遂推枰认负。

例2　如图8-62是2017年第四届"高港杯"青年大师赛刘奕达对何文哲的实战。

（1）………… 炮9平4

红方拥有双车之利，把守住要津，黑方要于互缠之中尽快出棋才是，否则对耗

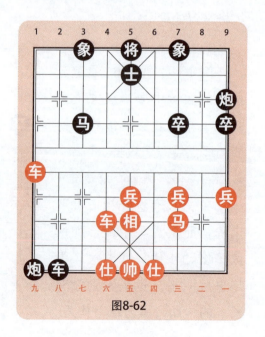

图8-62

下去于黑方不利。黑方炮9平4是"眼光着"，应炮9平5较好，以下红方如车九平七，车2退4，车七退四，炮1平2，帅五进一，马3进4，帅五平四，象3进1，对峙之中黑方还是不错的。

（2）帅五进一　马3进2

黑方进马有嫌定位过早，不如卒7进1再等一手为好。

（3）车九退三　炮4平8

黑方急于打击红方，在计算上出现偏差，未注意红方的防守妙手。还是应卒7进1，兵三进一，卒7进1，相五进三，车2退3，车九退一，马2进4，车六进一，车2平4，双方大致均势。

（4）帅五平四　象7进5　　（5）兵三进一　炮8进6
（6）仕四进五　炮1平4　　（7）马三退四　炮8平9

红方一步"倒马金枪"使黑方攻势荡然无存，这也是黑方始料未及的。

（8）车九进七　马2退3

红方一直用于防守的车得出，准备与另一个车配合走车六进六叫杀，黑方不得不退马防守。

（9）仕五退六　车2退1

红方顺利吃掉黑炮，黑方的攻势难以为继。

（10）仕六进五　车2退4　　（11）车九平七　车2平6
（12）仕五进四　马3进5　　（13）车六进六　将5平6
（14）兵五进一　炮9平7　　（15）帅四平五　车6进3

红方攻不忘守，如急于兵五进一吃马，车6进3，帅四平五，车6进1，帅五退一，炮7进1，黑胜。

（16）马四进三

红方主动送马，巧妙地破掉了黑方最后的希望，黑方遂主动认输。

三十二、欺着莫走，强胜易负

指在对局中不要走过分的着法，为了胜利勉强争胜往往会适得其反，招致失败的结果。

例1 如图8-63，局势细微，红方稍好。黑方走车2平7看似正常，但仔细推敲似不如炮8平6，马一进二，炮6平9，车七平五，车2平5，车五进一，卒5进1，炮四平一，红方仍稍占主动，但双方仍是对峙之势。

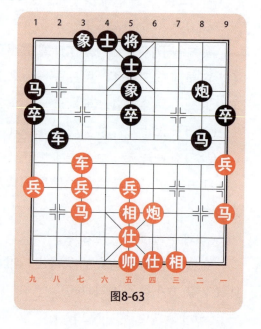

图8-63

（1）…………　车2平7
（2）马一进二　车7进2
（3）炮四平一　车7平9

红方闪炮边线，吸引黑车平边，意图给二路马寻找好的进击路线。

（4）马二进四　卒9进1

黑方兑边卒过于随手，应车9平6，马四进二，车6退3，炮一平二，车6平7，黑方尚可纠缠。

（5）兵一进一　车9退2　（6）炮一平四　马8进9

红炮再平回士角是僵持局面下调整阵形的好棋。黑马入边陲急于反击，使局势迅速恶化。可马8退6，马四退三，马6进8，马三进一，车9退1，车七平三，马1进3，黑方虽被动，但尚有反击机会。

（7）车七平二　车9平8

红方应马四进三，马9退8，马三退五，卒1进1，红多双兵占优。

（8）车二进一　马9退8

至此红方在马炮棋中占据主动。

例2 如图8-64选自实战，轮红方行棋。

（1）车二进四　车7进2

红方高车邀兑弃掉三路马，取势为上，下得颇有气魄。黑方如车7平8，马三进二，红方明显优势。又如卒7进1，马九进八，红方亦有优势。

（2）马九进八　炮2退2

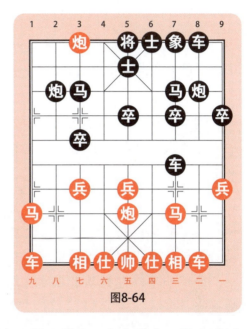

图8-64

黑方退底炮先守一下十分必要，如象7进5，炮七平九，马3进2，车九进六，黑方难以抵挡。

（3）车九进九　象7进5　　（4）炮七退一　炮2平4

（5）马八进七　车7进2

目前红方有攻势而黑方多子，局面尚比较复杂。黑方进车吃底相过于乐观，没有注意到红方潜藏的攻击手段，造成局势难以挽回。可走卒7进1较好，红方如炮七平八，马7进6，马七进九，马6退4，黑方优势。

（6）炮五平二

红方献炮凶狠至极,一击中的。黑方如炮8进5,马七进五,士5进4,车二进五,马7退8,马五进六,将5进1,马六退七,同为车马炮对杀,红子位置要比黑方好不少。所以算到这些变化,黑方遂主动推枰认输。

三十三、弃小图大

指在棋局需要的时候,通过弃子寻求突破。如果对方接受得子,则己方会得到更大的利益。

例1 如图8-65是2016年全国个人赛王斌对赵攀伟的中局。

(1) 车七平五　车3进9

红方弃掉底相而车杀中卒,弈理明了,红方从此接管全局。

(2) 马三进四　车3退5
(3) 前炮平二　炮9平5
(4) 炮三进八　马5退7
(5) 车五进一　士6进5
(6) 车五平三　马7进6

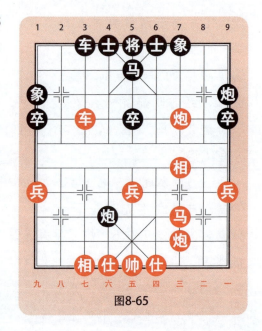

图8-65

红方各子迅速发力,摧毁黑方防线。虽均为车马炮,但位置上的差异,决定了棋局的优劣。

(7) 炮二进三　车3平8　　(8) 炮二平一　炮4退5
(9) 车三进二　士5退6　　(10) 车三退三　士6进5

（11）相三退五　车8退1　（12）车三退三　象1退3
（13）马四进六　炮4平1　（14）兵五进一　士5进4

红方得势之后下得老练，并未急于进攻，而是先调整子力位置，然后再逐步进取。

（15）仕六进五　象3进5　（16）车三进四　马6进7

机会出现，红方开始发动总攻，这类棋黑方也是难以守住的。

（17）马六进五　炮1平5　（18）车三平五　将5平6
（19）车五平三　马7进8

黑方如马7进5，车三平四，将6平5，车四平五，将5平6，车五退三，黑方丢马。至此红方已成必胜残局。

（20）炮一平六　将6平5　（21）车三进二　将5进1
（22）车三退六　车8进1　（23）兵五进一　马8退7
（24）兵五平四　马7退6　（25）兵四进一

到此双方强弱分明，黑马又将难保，黑方遂推枰认输。

例2　如图8-66出自实战，黑方弃马平卒准备炮击底仕，抢先上手，战法积极。

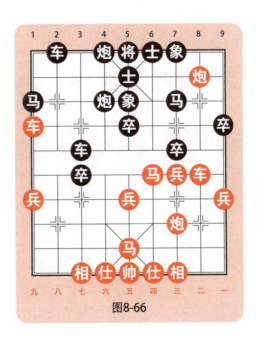

图8-66

（1）相三进五　前炮进7

红方如车九进一，炮4进7，红方难抵挡黑方进攻。

（2）马五进七　前炮退2
（3）炮三平六　炮4进7
（4）马四进三　车3进3

这几步红方的下法还是比较顽强的，未敢贸然吃黑

1路马，而是先舍一子，暂时延缓黑方攻势，再入马向卧槽给黑方一些压力。

（5）马三进一　车3退5　　（6）兵三进一　车3平4
（7）车九退二　马1进3　　（8）兵三进一　炮4平2
（9）兵三进一　将5平4　　（10）车二进一　炮2进2
（11）相七进九　马3进5　　（12）仕四进五　卒4平3

红方支仕亦下得顽强，帅可从四路转出，黑方一时还不能入局。

（13）帅五平四　车4进7

黑方进底车打将稍显急躁，可象5退3攻守两利。红方如兵五进一，炮2平1，兵五进一，车2进9，帅四进一，炮1退1，帅四进一，车4进4，车二平四，车2平8，黑方胜定。

（14）帅四进一　车4平7　　（15）车九进四　车7退7
（16）车九平六　将4平5　　（17）车二平四　象5进7

黑方高象防守必然，如误走车7平9，车六平五！将5进1（如士6进5，炮二进一，士5退6，车四进四，将5进1，车四退一，红胜），车四进三，将5退1，车四进一，将5进1，车四退一，将5退1，炮二进一，红胜。

（18）车六平五　士6进5　　（19）炮二进一　士5退6
（20）车四进四　将5进1　　（21）车四平八　象7进9
（22）兵五进一　马5退3　　（23）车八退九　车7平6
（24）仕五进四　将5平6　　（25）相五进七　车6进5
（26）帅四平五　车6进1　　（27）帅五进一　马3进4
（28）帅五平六　车6退2

至此尽管红方下得异常顽强，将局势转入残局，但黑方还是获得了压倒性的残局优势，并且最终获胜（下略）。

三十四、擒贼擒王

指在攻击型的局面下，首先考虑的应该是攻击对方的将（帅）。所以要以最快的速度进攻对方九宫，争取直接成杀。

例1 如图8-67选自全国冠军洪智特级大师执红的一个中局，红方先行。

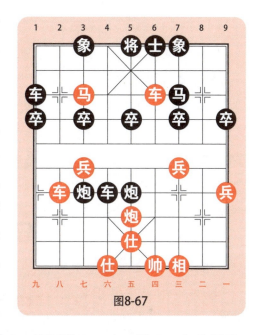

图8-67

（1）**车八进五** 车1平3

红方点车下二路着法凶狠，也是必然之步，伏有车八平三的杀着。红方当然不可车四平三吃马，否则炮3进3吃车。黑方弃车砍马亦属无奈，如士6进5，车四平三，炮3进3，帅四进一，炮3退1，仕五进六，象7进9，炮五进四，士5进6，车八平五，将5平6，车三平四，红胜。

（2）**车四平七** 象7进5　　（3）**车八平四** 士6进5

红车占肋，盯住黑方单士弱点，思路清晰，攻击点明确。

（4）**车七进一** 炮5平6

黑方只好平炮挡住，如将5平4，炮五平六，黑方难下。或走士5退6，炮五进四，黑方也不行。

（5）**兵三进一** 卒7进1

红方送三兵精妙，一举突破黑方防线。

（6）**炮五平三** 炮6退2

红方平炮一击中的,黑方已无棋可守。

(7)炮三进五　车4平6　　(8)仕五进四　士5退4

红方撑仕解将是正着,如误走帅四平五,炮6平5,红方反丢车致败。

(9)帅四平五　炮3平5　　(10)帅五进一　卒7进1
(11)帅五平六　炮5平4　　(12)车四平六　炮6退4
(13)车七退二　车6平5　　(14)车七进一

至此黑方推枰认输。

例2 如图8-68选自"东方电脑"特级大师柳大华执黑的一盘表演棋,轮黑方行棋。

图8-68

(1)………… 炮8平9

黑方平炮兑车是正常的下法。

(2)车二平三　车1平4

红方平车压马也是箭在弦上,不得不发。如临时改变计划而走车二进三,马7退8,马八进七,卒3进1,兵七进一,马3进4,兵七平六,车1平3,黑方明显反先占优。黑方平车占肋,弃马抢攻,攻击感觉锐利。

(3)马六进七　车4进7　　(4)炮八平九　炮2平5
(5)仕六进五　炮9进4

黑方再弃一马,车双炮呼啸而出,凶悍至极!

（6）**马八进七** 炮9进3

红方献马可谓煞费苦心，本以为黑车必然车4平3，车九平八，车3平4，炮九进四，红方胜势。没想到黑方置车于不顾，径直下底炮，从而捷足先登。红方应炮九进四还不致速败，炮9进3，车三平二，车8进3，炮九平二，车4平2，黑方占优。

（7）**炮九平六** 车8进9　　（8）**帅五平六** 炮9平7

（9）**帅六进一** 炮5平4

妙杀！黑胜。

三十五、声东击西

指在攻击过程中看似进攻对方某处，却突然改向进攻其他地方。这样往往使对手防不胜防，顾此失彼，从而攻势方达到占优的目的。

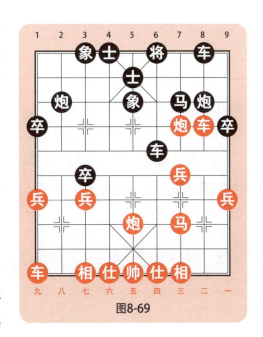

图8-69

例1 如图8-69出自实战，黑方先行。

（1）………… 炮2进1

黑方进炮打车给红方施加压力，如走卒3进1，黑方亦不错。

（2）**车二退三** 炮2平5

红方如炮三平九，炮2平5，仕六进五，炮8平9，车二进三（如车二平三，黑方有炮9进4的凶着），马三进五，车6进2，炮五进四，车6平5，炮五平七，卒3平4，黑方乐观。

（3）仕六进五　卒3平4　　（4）车九平八　炮8平9

（5）车二进六　马7退8

红方如车二平五，车8进3，炮五进四，车8平7，炮五平八，车7进2，黑方明显占优。

（6）车八进四　马8进6　　（7）炮三进一　车6退2

红方应炮三进二，卒3进1，车八平五，炮5进4，相七进五，卒4平3，车五退一，接近均势。黑方借机退车捉炮连续争先，自此步入佳境。

（8）炮三进一　车6平7

红方如再炮三退一，车6进4，炮三进二，车6平3，相七进九，卒4进1，黑优。

（9）炮三平一　炮5平7

黑方可车7进3更为实惠，马三进五，炮9平7，相三进一，炮5进4，相七进五，车7平5，黑优。

（10）车八平六　炮7进4

红方弃马吃卒有些急躁，可马三退一忍耐，车7平8，兵三进一，象5进7，炮五平七，象3进1，相三进五，红方虽落后手，但盘面尚无大碍。

（11）车六平四　车7平6　　（12）车四进三　士5进6
（13）炮五平四　炮9平8　　（14）炮一平二　炮7退1
（15）炮四进四　炮7平6　　（16）兵三进一　将6平5
（17）炮四进二　炮6退5

至此黑方净多一子，并最终获胜。

例2 如图8-70是全国冠军郑惟桐对赵攀伟的实战对局，红方先行。

（1）马二进三　车3进3

盘面上虽然双方大子相当，但红方明显占有空间优势。红马跟进压住黑马，准备扑边奔卧槽，同时又为踏中象做好准备。

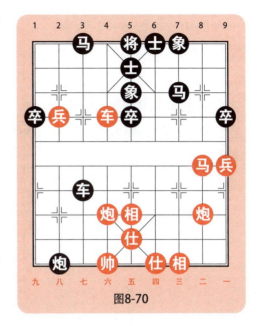

图8-70

（2）帅六进一　车3退5
（3）炮二进六　象5进7

红方点炮下二路试探黑方应手，争胜之心跃然于枰上。黑方飞象似乎有示弱之嫌，不如车3平7，炮二平三，车7平3，红方一时也无手段。

（4）炮六进一　车3平2

红方抬炮准备平中，局面显得生动起来。黑方平车跟兵于事无补，应车3进2盯住红炮，红方如炮二退五，车3退1，黑方可纠缠。

（5）炮六平五　象7进5　　（6）车六进二　马3进4

红方进车二路凶狠之极，伏有多种入局手段。

（7）马三进一

至此已成绝杀之势，黑方如象7退9，炮五进四，士5退4，炮二平五，红胜。

三十六、失先弃子却无成

指实战中通过弃子想夺取先手，结果没有达到目的，弃子以后反而形势还要落后，这属于整体的构思不切合实际造成的。

例1 如图8-71选自幺毅对郑一泓的实战。红方在中炮进三兵对屏风马进三卒的常见布局中别出心裁，走出了飞边相，跳拐角马的怪阵，但是效果并不如意。

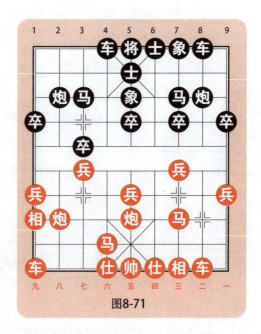

图8-71

（1）兵七进一　车4进8

红方弃马勇猛有余，但缺乏后续手段，不如马六进四，车4进7，炮八进四，卒3进1，炮八平三，双方大子相同，尚是纠缠之势。

（2）兵七进一　马3退4　（3）车九平七　炮8进2

黑方抬炮巡河，攻守两利，十分必要。

（4）兵七进一　炮2进2　（5）兵七进一　炮8平5

黑方以多打少，简化子力，正常的选择。

（6）车二进九　马7退8　（7）炮五进三　车4退1

（8）马三进四　卒5进1　（9）炮八退一　车4退1

（10）炮八进一　马8进9　（11）车七进六　车4退3

黑方退车捉马，逼迫红方表态。

（12）马四退五　车4进2

红方不愿进马踏卒交换，不得已回马中宫，局势更加艰辛。

（13）炮八进二　卒9进1　（14）车七平八　炮2平3

（15）仕六进五　车4平2

黑方选择主动吐还一子，平车牵住红方车炮，使其无法发力。

黑方子力站位明显优于红方,优势还是牢牢在握,下法明智。

（16）**兵七平六** 车2进2 （17）**仕五退六** 车2退3
（18）**仕六进五** 马9进8 （19）**马五退七** 车2进3
（20）**仕五退六** 马8进6 （21）**兵五进一** 卒5进1

红方弃中兵做最后一搏,否则大子均被黑方制住,无异于坐以待毙。

（22）**马七进六** 车2退3 （23）**马六退五** 马6退5

红马回窝心令人费解,还是马六进五往前跳更好。

（24）**马五进三** 马5退3 （25）**马三进二** 炮3平5
（26）**仕四进五** 车2平7 （27）**帅五平四** 车7平6
（28）**帅四平五** 马3进4

至此黑方大占优势并最终获胜,以下着法从略。

例2 如图8-72是2017年全国团体赛李智屏对徐崇峰的实战,红方先行。

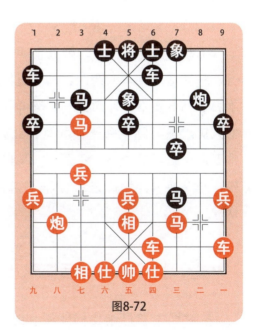

图8-72

（1）**马七进五** 车6进7

红方马踩中象立意争胜,带有一定的冒险性。稳健些可仕四进五,车6进7,车一平四,车1平2,炮八平七,士4进5,双方平稳,红方稍好。

（2）**车一平四** 象7进5
（3）**车四进六** 车1平2

红方敢于弃马，就是看到有此进车捉双的手段，打算利用先弃后取的策略争取到有利的局面。黑方先出车捉一下红炮，试一下红方应手，下得机警。

（4）炮八平六　马7进9

红方如车四平五，马3退5，炮八平九，炮八平七，利弊参半，黑方多子前景似更为乐观。

（5）车四平二　马9进7

红方以车去炮坏棋，造成局面一蹶不振。应车四平五，士6进5（如士4进5，仕四进五，马9进7，帅五平四，炮9平6，车五平七，车2平4，互有顾忌），车五平二，马9进7，帅五进一，车2进7，炮六退一，马3进4，帅五平四！车2平4，仕四进五，士5退6，车二退六，红方可吃回失子，盘面不差。

（6）帅五进一　车2进7　　（7）炮六退一　马3进4

（8）车二退三　马4进5

红方退车速败，应走帅五平四更顽强，以下车2平4，仕四进五，马4进3，车二退六，马3进5，帅四进一，车4退4，车二平三，马5退3，帅四退一，车4平6，仕五进四，卒7进1，黑方大优。黑马踏中兵干净利落，红方看到如马三进五，马7退6，帅五退一，马6退8，红丢车。又如车二退二，马5进3，帅五平四，车2平4，仕四进五，车4退2，黑方胜势，于是红方推盘认输。

三十七、授人以隙，后悔无及

指对局中自己走出问题手，给对方以机会。结果处处受制于人，悔不当初了。

例1 如图8-73是2017年全国团体赛汪洋对武俊强的战局，黑方先行。

（1）………… 马9进7

黑马吃兵看似正常，实际给了红方机会。黑方可车9平8，车九平六，车7平6，车六进三，车8进5，车一平四，黑方放红兵过河，而迅速出动双车对红方进行牵制，以下黑方可考虑走炮3平2，局面胶着，优劣难判。

（2）车一平三　马7退9
（3）车三进七　马9退7
（4）马四退五　卒3进1

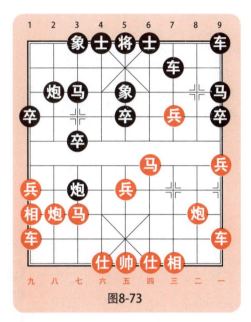

图8-73

兑车之后盘面似乎风平浪静，但红方一手回马金枪，却使黑3路炮进退维谷，黑方局面自此急转直下，这也是黑方回马兑车之时所漏算的。

（5）相九进七　炮3平4　　（6）车九平六　车9平8
（7）炮二平三　炮4退4　　（8）车六进五　车8进4

黑方也是竭尽全力应对，前面先送三卒使沿河一线畅通，现在再升车巡河，但是仍被红方利用，形成得子。此步可士4进5，车六平七，马3退4，红方占优，但黑方不少大子。

（9）马五进三　车8平2　　（10）炮八进五　炮4平2
（11）炮三进六　车2平7　　（12）炮三平八　车7进2

红炮平八乃得子妙手！

（13）车六平八　炮2平1　　（14）车八进一　马3进4

（15）车八平九　马4进5　　（16）马七进八　马5进4
（17）仕六进五　车7平1　　（18）相七退九　车1退2
（19）车九平八　马4退3　　（20）炮八进一　士6进5
（21）马八进七　车1进3　　（22）炮八平九　车1平3
（23）马七进五　马3退5　　（24）相三进五　车3平5

红方得子以后，下得紧凑有力，至此再弃一相，不给黑方机会。红方便可先上手入局。

（25）车八退二　士5进6　　（26）马五进六

至此红方胜势明显，黑方认负。

例2　如图8-74是2016年全国个人赛乙组最后一轮王昊对刘立山的实战，红方必须取胜方能进入下一阶段比赛。

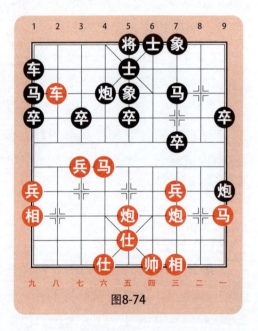

图8-74

（1）兵三进一　卒7进1

红方利用黑车低头的弱点弃兵寓意制造攻势，如马六进七，炮9平1，马七进五，象7进5，炮五进五，将5平4，兵七进一，车1平3，炮三平六，炮1平4，炮六进五，士5进4，车八平六，车3平4，车六平九，车4进4，红方虽然占优，但黑子也较灵活，不乏反击机会。

（2）车八退四　炮9退1　　（3）炮三进五　炮9平4

黑方如炮4平7，马六进五，红马叫吃黑炮的同时伏有车八进六的棋，黑方难走。

（4）炮三平六　车1平4

黑方不堪忍受红方的进攻，强行平车占肋，准备弃子一战。如士5进4，车八进六，将5进1，车八平四，将5平4，炮五平六，车1平3，相三进五，红方控制局面占优。

（5）炮六平八　车4进3　　（6）车八平六　卒5进1
（7）炮八退三　卒5进1　　（8）兵七进一　车4平6

红方弃兵打破黑方在河沿一线对红方的封锁，是局部的好手。

（9）帅四平五　卒7平6　　（10）马一进三　车6平3

红方借势腾活边马，局势渐入佳境。

（11）炮八平五　炮4平2

红方炮击中卒，势大于子，弈理昭然。

（12）车六平八　卒6平5　　（13）马三进五　车3进1

红方如车八进一，卒5进1，炮五平三，卒5平6，红方还要费些周折。

（14）马五进四　车3平6　　（15）马四退六　车6退1

红方取势与得子交相呼应，黑方虽竭力应对，但还是造成丢子。

（16）马六退八　车6平2　　（17）车八退一　卒1进1
（18）马八退七　卒9进1　　（19）车八进二　车2进1
（20）马七进八　马1进2　　（21）炮五平八　马2进4
（22）相九进七　卒3进1　　（23）相三进五　马4退5
（24）马八进七　马5进6　　（25）马七退九　马6进4
（26）炮八平六　卒9进1

红方得子后下得老练，至此已成必胜残局，以下着法从略。

三十八、双重威胁

指走出一步具有攻击性质的着法后,这步棋同时兼有两种威胁作用。这样的着法一般都是好棋,让对方顾此失彼,不好应对。

例1 如图8-75,黑车压住红三路马,看似形势还不错。但红方经过巧妙运子后,黑方却开始捉襟见肘了。

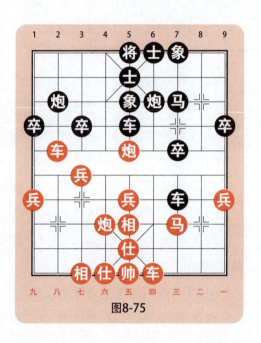

图8-75

（1）炮五平六　车7平8

红方平炮好棋,伏有多种进攻手段。黑方为防红方炮六退二得子,不得已逃一步车,如车5进1,兵七进一,马7进6,兵五进一!变化下去黑方也不行。

（2）前炮进二　炮6平4

红方见打车得子不成,再生一计,送炮入士角,准备进马踩双车。也可直接马三进四,炮6进7,车八进二,车8进3,车八进二,士5退4,车八平六,将5进1,马四进五,炮6退1,仕五退四,马7进5,前炮平五,红方大优。黑方平炮去炮造成丢子,可车5平4顽强些。以下炮六平四,炮2平6,车八进三,车4退3,车八平六,将5平4,车四进六,红优,但黑方不致失子。

（3）马三进四　车8平5　　（4）马四进五　马7进5

（5）车八进二　卒3进1

至此红方净得一子。

（6）车八退一　卒3进1　　（7）车四进六　马5进3
（8）相五进七　车5平9　　（9）炮六进三　炮4退2

红方进炮蹩住马腿，不给黑方进马中路反击的机会。同时随时可摆中炮组织攻势，下得老辣！

（10）车八平七　车9平2

红方充分发挥车的作用，平车再蹩马腿，不给黑方马3退4的机会。

（11）炮六平五　马3进5　　（12）相七退五　车2退2
（13）车七平五　车2平4　　（14）车四进二

至此黑方看到如炮4进1，炮五进二，将5平4，车四退四，马5进4，仕五进六，象7进5，车五平九，将4平5，仕六退五，已成必败之局，遂推枰认输。

例2　如图8-76选自2017年北京市东城区残疾人象棋比赛的一则中局，红方先行。

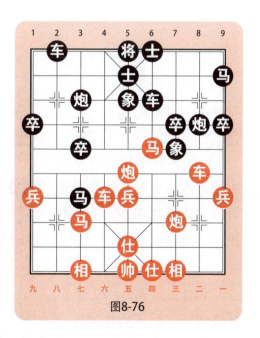

图8-76

（1）车二进二　马9进8

红方弃车砍马是笔者研究之后的正确下法，实战红方先走马四进六，炮8平4，车六进三，马3退5，兵五进一，炮3进5，车二进四，红方无便宜可占。黑方如不吃红车而走车6进2，车二进二，车6平4（如炮3退1，车六进五，车2平3，炮五进二，车6退1，炮五平三，士5退4，车六平七,红方得子占优),车六进二,马3退4,车二平一,炮3进5,炮三平二,将5平4,车一平四,车2进6,炮二进七,将4进1,炮五平六,马4退3,车四退二,红方优势极大。

(2)马四进六　车2平3

失去了黑炮的护卫,红方马腿腾活卧槽兼挂角,势不可挡!黑方平车守住红马卧槽是最顽强的下法,改走他着红方都可以简单得子而胜。

(3)马六进四　炮3平6　　(4)炮五进二　马8退9

红方进炮打马正确,如误走车六平七,炮6进4,红方反而丢车。黑方如马8进7,相七进五,马7进9,炮三进四,象7退9,车六平七,红方得子。

(5)兵五进一　卒3进1　　(6)兵五进一　车3平4

(7)车六平二　马9退7　　(8)马七进五　卒3平4

(9)车二进六　卒4进1　　(10)马五进四

至此红方优势明显。

三十九、顺水推舟

指在实战中假意顺从对方的意图,令自己的子力借力打力,顺势而上,一举夺取主动权。

例1　如图8-77选自特级大师赵国荣执红的实战中局。

图8-77

（1）炮九进三　卒3进1　　（2）马八进七　马4进2

红马顺势而进谋求攻势，思路清晰。如车二平七，黑方有马4进5先手踩车，感觉红方不能满意。黑马邀兑寓意简化局面求和，但有嫌软弱，不如卒3进1保持变化较好。

（3）马七进五　象3进5

红马毅然踏中象，发动强悍攻势。也是黑方漏算之处。

（4）炮九进三　象5退3　　（5）车一平七　车7平2

（6）车七进五　马2进4　　（7）仕五进六　马7进9

（8）仕六进五　马4退5

红马换双象实施长距离弃子，控制了局面。

（9）兵五进一　马5退7　　（10）车七退三　车2退4

时机成熟，红方再次进行转换，优势逐步扩大。

（11）车七平五　车2平1　　（12）车五平三　马9退8

（13）车三平二　炮4退1　　（14）炮四进二　车1进2

（15）兵五进一　车1进3　　（16）炮四平七　车1退5

只好回车，改走它着黑方有丢马之虑。

（17）兵五平四　车1平3　　（18）炮七平五　将5平6

（19）兵七进一　车3平2　　（20）炮五平四　将6平5

红方先平炮将军细腻，如炮五平二，车3平9，炮二进四，炮4平8，车二进二，车9进2捉死红过河兵，黑方有望谋得和局。

（21）炮四平二　车3平6

黑方如再车3平9，炮二进四，炮4平8，车二进二，车9进2，车二平四，红方胜定。

（22）兵四进一　车6退1　　（23）炮二平五　士5进4

（24）兵七进一　马8退6　　（25）兵七进一　车6平8

（26）车二平三　车8进8　　（27）相五退三　车8退4

（28）炮五退二　车8退3　　（29）车三进二　车8退1

（30）车三退三　车8平6　　（31）车三平四　马6进8

（32）兵七进一

至此黑方虽多一子，但却全盘难以动弹，遂主动推枰认输。

例2 如图8-78黑马正叫吃红炮兼吃中兵，红方如何应对值得思考。

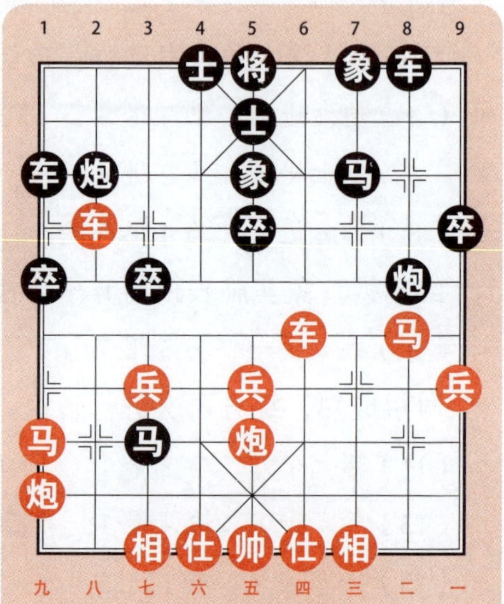

图8-78

（1）马九退七　马3进1

红方将计就计，退马打车弃炮精妙之着。黑马吃炮亦是欲罢不能，如再马3退1进而复退，红方炮五平九，黑方难以对付。

（2）炮五平九　炮8退1

（3）马二进三　卒5进1

（4）马三进五　象7进5

红马踏中象干净利落，迅速接管了全局。

（5）炮九进五　象5退3　　（6）炮九退六　炮2平5

（7）车八平三

黑方中炮还企图制造一些攻势，但由于亏损过大，已是无力回天了。

（7）…………　卒5进1　　（8）车四平二　马7退9

（9）车二平五　炮8进6　　（10）马七进五　炮8平9

（11）马五退三　炮9平8

红方回马踩炮不给黑方下底车的机会，这是赢棋不闹事。

（12）相七进五

至此红已胜定，黑方认输。

四十、贪攻忘危棋势溃

指对局中一味注重进攻对方，而对自身的问题有所忽视，一旦被对方加以利用，局势就有崩溃的危险。

例1 如图8-79是2016年个人赛争夺进入前16名的关键一战，由蒋川对曹岩磊。

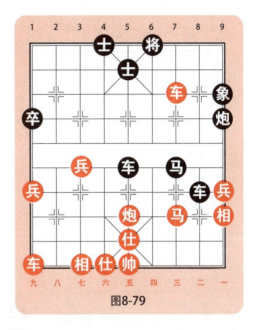

图8-79

（1）车九进二　炮9平3

双方前两局慢棋打平，这盘是快棋的争夺。也许是疲惫或是时间紧张，蒋特大出现了致命的失误，红方此步可车三退一，炮9进4，炮五平一，车8进1，车九进二，车8平9，车九平五，车5平3（如车5进2，相七进五，车9平7，车三退二，红方有胜机），车三进一，红方机会较多。黑方平炮瞄相，红方局势急转直下。

（2）车九退二　车8平1　　（3）车九平八　车1平2

（4）车八平九　马7退5

红方只好回车自保，黑方连续抢占先手，盘面顷刻间转为接近均势。

（5）相一退三　车5平3

红方回相再次走软，应冷静的炮五进三，车5退1，兵七进一，车5平3，相七进五，势均力敌。

（6）相七进九　马5进4

黑马扑槽，红方难逃一死。

（7）炮五平六　车3平5　　（8）车三退一　马4进6

（9）帅五平四　车2平6

黑方弃炮平车击中要害，红方难以防守。

（10）相三进五　马6进7

红方如车三平七，马6进7，帅四平五，车6进3！马三退四，马7退6，黑胜。

（11）帅四平五　车5进2　　（12）车三平七　车5退2

至此，黑方退车后，仍有车6进3的杀着，红方无法解救，遂推枰认负。

例2　如图8-80选自黄竹风对程鸣的实战。

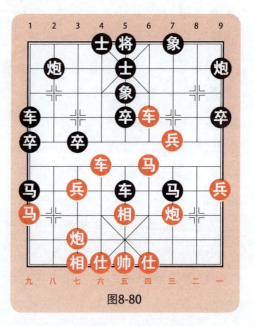

图8-80

（1）…………　卒3进1

黑方弃三卒发力过猛，造成以后局面吃紧。可考虑卒1进1先稳住阵脚再徐图进取较好。

（2）兵七进一　炮2进4

（3）兵七进一　炮2平6

（4）炮七平五　车5平6

红方先平中炮打车细致，如随手车六平四吃炮，黑方有马7进5的凶着，红方不满意。

（5）车六平四　车6退1　　（6）车四退二　炮9进5

（7）车四平三　炮9进3　　（8）相五退三　马7进9

（9）炮三平二　卒5进1

红方平炮拦马攻守两利，由此步入佳境。

（10）炮二进七　士5退6　　（11）兵三平四　马1进3

（12）炮五进六　车1平4

红方如车三进五，车1平8，车三退七，车8退3，车三平一，车8进9，相七进五，马3进5，仕六进五，象5进3，马九进八，车8退5，黑方有求和希望。黑方应直接车1平8，炮二平一（如车三进五，车8退3！黑方得子），马9退8，炮一退七，象7进5，兵四平五，马3退5，仕六进五，象5进3，兵五平六，士4进5，黑车双马活跃，尚可一战。

（13）仕六进五　车4平8　　（14）炮二平一　车8进5

黑方如再走马9退8，由于红方多补了一手仕，黑方马的多种闪击也就不能实现了。

（15）炮一退七　象7进5　　（16）炮一平六　车8退4

（17）车三平七　马3退1　　（18）车七退一　卒1进1

（19）兵七平六　车8平6　　（20）炮六平八　车6平7

红方平炮准备侧击，优势简明而不可动摇。

（21）相七进五　卒5进1　　（22）炮八进七　士4进5

（23）车七进六　士5退4　　（24）车七退三　士4进5

（25）马九进七　卒5进1　　（26）马七进五　车7进4

（27）马五进六　士5进4　　（28）车七进三　将5进1

（29）车七退一　将5退1　　（30）马六进八

至此黑方认输，以下如士6进5，马八进七，士5退4，车七平六，卒5进1，车六进一，将5进1，车六平五，将5平4（如将5平6，车五平四，红胜）马七退八，红胜。

四十一、调虎离山

指在实战中将对方把守要津的大子（一般多为车）想办法给调开，这样己方各子顺利进驻要点，便能一马平川获取局面优势了。

例1 如图8-81轮红方走棋。观枰可知，红方车立肋道，一炮镇中，一炮占将门，已构成了强大的攻势。黑方双车联手，于巡河一线严防死守。如何突破黑方的重兵防守，红方给出了正确的回答。

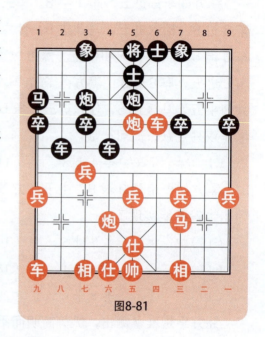

图8-81

（1）车九平八　车4平6

红方强行献车精妙之至！黑方只好车4平6兑肋车，如车2进5？帅五平四，红胜。

（2）车四退一　车2平6　（3）兵五进一　将5平4

红方冲中兵老辣异常，显示出出色的控盘能力。黑方如车6进2，兵五进一，以后马三进五盘旋而上，黑方难以阻挡。

（4）炮五平六　将4平5　（5）前炮平五　将5平4

（6）相七进五　炮5进3

红方先补一手相，主动放弃中兵，是筹划好的攻击手段。

（7）车八进七　车6退2　（8）兵七进一　卒3进1

红方进车捉炮再弃掉七路兵是前面着法的连续动作，现在也可看出红方飞七路相的细致之处。如相三进五，黑方走卒3进1就有先手叫闷宫的攻势。黑方当然不能炮3进3，否则车八平六，红胜。

（9）**车八退三** 卒3进1

红方退车盯炮已获胜势，黑方无奈之下弃卒给予红方一些牵制。

（10）**车八平七** 炮5退1 （11）**车七平六** 士5进4

（12）**车六进三** 将4平5 （13）**车六平五**

红车轻轻平中一将，避免了黑方炮3进7的偷杀，黑方立刻欣然认输。以下黑方如将5平4，炮五平六，炮5平4，车五平四吃车。黑方又如士6进5，车五平七抽炮，红方胜定。

例2 如图8-82选自实战，红方先行。

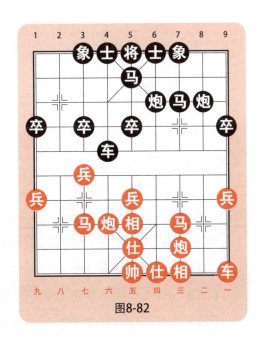

图8-82

（1）**车一平二** 卒3进1

面对黑方进马打车的先手，红方不为所动，毅然亮车。黑方如马7进8，红方马三进四强行交换，以下黑方如炮8进7，马四进六，红方子位甚高占据主动。黑方又如马8进6，车二进七，红方先手。

（2）**兵七进一** 车4平3

红方可考虑马三进四，车4平6，炮三平四，车6进1，仕五进四，打死黑车，红方大优。

（3）**马七进六** 马7进8 （4）**马六进五** 马5进4

红方采取以攻代守的策略，红方车面对威胁没有退却之意，反而径自攻击黑方车。黑方只好跳出窝心马,如车3平2,马五进四,炮8平7,炮三进六,车二进七,红优。

（5）炮三平二　炮8进6

黑方如马8进6,炮二平三,马6退5,车二进七,红优。

（6）车二进一　炮6平8　　（7）车二平四　炮8平2
（8）马五退六　炮2进7

红方退马是稳健的选择,另可走马五进六,炮2进7,车四进八,将5进1,车四平三,车3进5,炮六退二,车3退7,炮六进四,双方对杀,红优。

（9）帅五平六　马4进2　　（10）马六进八　车3平2
（11）马三进二　象3进5　　（12）马二进四　车2退1
（13）车四平二　马8进6　　（14）车二进三　马6进4
（15）马四进六　车2退2　　（16）车二平七　马4进2
（17）车七退三　炮2平1　　（18）车七平八　车2进4

红方采取诱敌深入的策略,再于防守之中牵制黑子,使其不能成势。

（19）马六进七　将5进1　　（20）炮六平七　车2退3
（21）帅六平五　车2平3　　（22）相五进七　象5进3

红方高相打车妙手,使黑方捉双的想法无法实现。

（23）马七进九　车3平1　　（24）马九退七　车1平3
（25）马七进九　车3平1　　（26）马九退七　车1平2
（27）相七退五　象3退5　　（28）马七退六　车2平4
（29）马六退八

至此红方得子胜定,黑方主动认输。

四十二、我势弱，勿轻进

指在敌强我弱的情况下，先不要考虑进攻。子力不要轻易冒进，而是应攻守兼备，耐心周旋，以待时机。

例1 如图8-83出自实战。

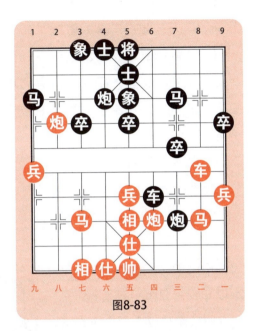

图8-83

（1）炮九平八　马1进2

黑方急于进马反击，有些想当然，结果造成马无进路，反授人以隙。可马1退3，炮八退三，车6退2，双方呈对峙之势。

（2）马七进八　炮4进1

红马顶住黑马十分必要，下步要进边兵拱死马，黑方兑炮也是不得已。

（3）马八进六　炮4退1　（4）兵九进一　马2进4
（5）马六进五　马4进2

一系列必然的变化后，红方等来了马踩中象的机会。黑方进马扑槽是想尽力一搏，但后防线损失惨重，如走象3进5，炮八进三，象5退3，车二平六，也是红方优势。

（6）马五进三　车6退5　（7）车二进五　士5退6
（8）车二平四　将5进1　（9）车四平六　车6平7
（10）车六退二　车7平8

红方计算准确，连续毁掉黑方双士，此手退车吃炮正着，如急于炮八进二打死车,则马2进3,帅五平四,马7进6,黑胜。

(11) 车六平七　车8进5　　(12) 车七进一　将5退1

(13) 车七进一　将5进1　　(14) 车七退一　将5进1

(15) 车七退二　炮7进1　　(16) 马二退三　车8平5

(17) 兵九平八　马2进3　　(18) 帅五平四　马7进8

(19) 炮八进一　炮7平8　　(20) 仕五进六　车5平7

(21) 炮八平二　炮8退6

红方献炮好棋,瓦解了黑方的攻势。黑方如马8进9,炮二平三,炮8进1,帅四进一,马9退7,车七平五,将5平4,帅四平五,红优。

(22) 车七退五

转换子力之后,黑方士象尽失,红方占据绝对主动,最终获胜(下略)。

例2 如图8-84,是2017年女子象棋甲级联赛唐丹执红对欧阳琦琳,黑方进车骑河似嫌急躁,可炮1进4较好。

(1) 兵七进一　车2进5

(2) 马三进四　车2平3

红马盘旋而上,红方局面顿现勃勃生机。

(3) 马四进五　车9平8

(4) 车二进九　马7退8

(5) 炮八进六　炮1进4

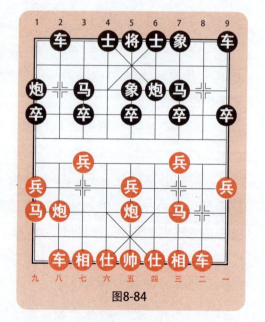

图8-84

红方探下二路炮意味深长,准备平至七路线打击黑方。

（6）炮八平七　士6进5　　（7）炮五平六　炮1平4

红炮平六凶狠，下手炮六进六，黑方难应。

（8）相三进五　车3进2　　（9）仕四进五　炮6退1

黑方竭力防守，也难有御敌之良策。黑方此时大约只能走车3平4，仕五进六，马3进5，被迫一车换二，尚能坚持下去。

（10）马九进八　车3退1　　（11）马八进六　车3平1

（12）马六进五

红马借踏车之机呼啸而上，转瞬之间已踩掉黑象，黑方见局面已是支离破碎，难以抗衡，遂主动认负。

四十三、重守怯攻，智者不为

指在对弈中过多考虑后防，着法保守，而不能果断出击，失去进攻机会，这不是明智的选择。

例1　如图8-85选自实战，红方先行。

（1）相五退三　马3进5

红方退相选择防守，感觉不免软弱。似可大胆车六进二，将5平4，车七进四，将4进1，车七退一，将4退1，车七平二，车6退4，车二平八，红方少子，但多双兵，外加黑方士象残缺，红方足可一战。黑马踩中仕

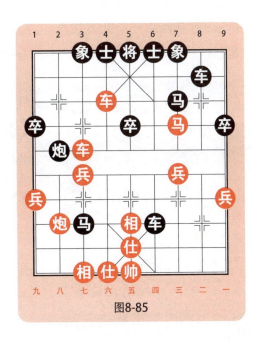

图8-85

有些杀得兴起，稳健些可车6退4，简单占优。

（2）炮八平五　象3进5

红方可车七进四，士6进5，车六平三，车8退1，仕六进五，车6平2，车三进一，象7进5，车七退二，双方互有机会。

（3）马三进五　士6进5

黑方补士化解红方攻势，老练！

（4）仕六进五　炮2进5　　（5）相七进九　车6平5

黑方先弃车砍掉红炮，以后形成多子之势，处理手法值得玩味。

（6）相三进五　士5进4　　（7）车七平三　象7进5
（8）车三进二　车8平2　　（9）兵三进一　士4进5
（10）兵三平四　车8进6　　（11）仕五退四　车8退3
（12）车三平五　车8平5　　（13）车五平一　车5进1
（14）仕四进五　车5平1　　（15）车一进二　士5退6
（16）车一退三

至此黑方可炮2退8，车一平五，炮2平5，帅五平四，车1退1，红方难以防守。红方也是看到这一点，遂推枰认输。

例2　如图8-86选自实战，黑方先行。

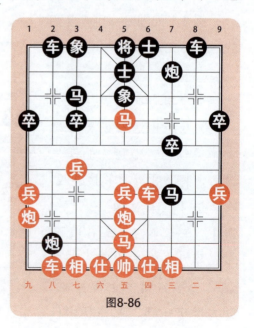

图8-86

（1）…………　马7进6

黑方入马先手叫杀，而不做交换，是积极的下法。

（2）炮五平三　马3进5

红方不想飞边相解杀自乱阵形，而下出献炮三路，准备交换，但弄巧成拙。还是应走相三进一，马3进5，车四退二，马5进4，马五进七，马4进3，车八进一，车2进8，车四平八，车8进6，炮九进四，士5退4，局势大体相当。黑方误以为只有吃马一手稳妥，实际上错失良机！应炮7进6，马五进七，炮2平4！黑方伏有炮7平5的杀着，红方八路车必丢，黑方胜势。

（3）**炮三进六** 马6退8　　（4）**炮九平三** 马8进9

黑方入底马是防红方车四平二的先手，同时含有马9退7的威胁。看似正常，实际不如下卒7进1，红方如车四平二，马8进9！车二退三，卒7进1，车二平一，马五进七，车8平7，黑方不错。

（5）**马五进七** 炮2平8

黑方平炮是预定的着法，准备摆脱无根车炮，

（6）**仕六进五** 马9退7

红方补士也显得过于求稳，可大胆车八进九，马9退7，车四退二，炮8平6，后炮平五，马5退7，帅五进一，红方优势。黑方则车2进9，马七退八，卒7进1，黑方先手。

（7）**帅五平六** 车2进9　　（8）**马七退八** 士5退4
（9）**车四进三** 马5进4　　（10）**车四平六** 车8进5
（11）**后炮平八** 马4进6

红方再度平炮掌握了优势，黑方不好下了。

（12）**车六进三** 将5进1　　（13）**车六退一** 将5退1
（14）**相七进五** 炮8进1　　（15）**炮八进二** 车8进2

黑方进车加速败局，可车8退2不致速败。

（16）**兵七进一**

至此黑方主动认输。

四十四、先固己,再攻人

先把自己的弱点补牢靠,再去攻击对方,这样使己方在进攻时没有后顾之忧,可谓上上之选。

例 如图8-87是2016年全国象棋团体赛孟辰对黄竹风的实战,轮黑方走棋。目前局势黑方已多出双卒,拥有了不错的子力优势,但红方还保留着一些不确定的攻势。黑方采取了先稳定后防,再徐图进取的策略,获得了满意的结果。

图8-87

(1)………… 象7进5

黑方先补一手很有必要,使己方阵形更加结实。

(2)马五进七 炮2退7

黑方退炮下二路,是对红方的有力打击。

(3)车七平六 炮2进3

红方苦思良久,也未找到好的下法,所以平车邀兑。如走车八进七,炮2平3,车八进二(如车八平七,炮3进2,车七退一,车2进2,黑方不错;又如车七进一,车2进2,车七进一,车2平3,黑优),黑方没主动兑车,而是高炮河口,下得细致。至此局面已完全向黑方倾斜。

(4)车六进一 士5进4　(5)炮九平七 炮2平5

黑方一步平中炮，完全化解红方的攻势。

（6）车八进九　马3退2

红方再兑一车也是无奈，如走马七进八想保持变化，黑方可将5进1，反牵住红方车马，红方亦很尴尬。

（7）帅五平四　士6进5　　（8）马七进八　炮5平6
（9）帅四平五　马2进1　　（10）炮七平九　马7进8
（11）马八退六　卒5进1

红方不能炮九进四吃卒，否则黑方有炮6退1吃子。

（12）马六进八　卒1进1　　（13）马八退七　马1进3
（14）炮五平八　马8进7　　（15）相一退三　卒6平5
（16）炮八进四　前卒平4　　（17）马七进六　炮6进2
（18）炮九进三　炮6平5　　（19）帅五平四　象3进1
（20）马六退四　马7退6　　（21）炮九平四　马3进2

至此黑方获得了胜望极大而风险极小的利好残局，并最终获得了胜利，以下着法从略。

四十五、釜底抽薪

指彻底阻断对方进击的机会，从根本上断绝它。

例1　如图8-88是2017年象棋甲级联赛洪智对阵金松的实战，红方以中炮急进中兵猛攻，黑方则炮打底相予以反击，双方形势可谓剑拔弩张。

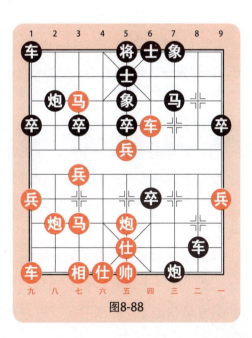

图8-88

（1）兵五进一　车8进1

红方兵冲中卒立意与黑方决一雌雄，全然不顾黑方底线的进攻，是机会与风险并存的下法。黑车进一准备炮碾丹砂，正常的攻击手段。

（2）车九进一　炮7退2　　（3）士五退四　炮7进2
（4）士四进五　炮7平4　　（5）士五退四　炮4平6
（6）车九平四　炮6平3　　（7）帅五进一　炮3退4
（8）后车进二　炮3退3

黑炮抢尽风头，尽毁红方防线，又吃回红马，在子力上黑方领先了不少。

（9）帅五平四　炮2进1

红方出帅暗伏兵五进一的攻击手段，黑炮进一步盯住红车兵，可行的走法。

（10）兵五平六　炮3退2　（11）前车平三　车8退1
（12）帅四退一　车8进1　（13）帅四进一　车8退7
（14）马七进六　车8进6

黑方可车1进2坚守待变较好，以下红方如马六进四，车8进6，帅四退一，马7退9，黑方应不惧。

（15）帅四退一　车8进1　（16）帅四进一　车8退1
（17）帅四退一　车8平4　（18）车四进一　车4退1

黑方退车捉炮作用不大，反把红炮赶到更好的位置上。黑方可走炮2进2，马六进四，车4退1，车四平八，车4平5，马四进三，卒3进1，通过弃子化解红方攻势，红方仕相尽失，黑方机会也不小。

（19）炮八进三　卒3进1　　（20）车三进一　车1进1

黑方升一步车有些忙中出错，可车1进2，仍是互缠之势。又如黑方卒3进1，炮八平三，黑方也难下。

（21）**兵六进一**　车1进1

红兵冲下红方已有棋，黑车再捉兵加重败局。

（22）**兵六进一**　车1平4　（23）**车四进五**　炮3平6

红车砍士入局好棋！

（24）**兵六平五**　将5平4　（25）**兵五进一**　将4进1

（26）**车三进一**（红胜）

例2　如图8-89，红方先行。

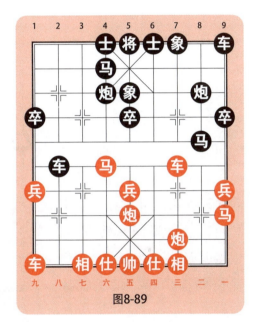

图8-89

（1）**相七进九**　马8进9

红方飞边相，准备让九路车投入战斗。

（2）**车三平二**　炮8平7

（3）**车九平七**　马9进7

黑方进马踩车看似先手，结果适得其反。可炮7进7打相，仕四进五，马9进7，炮五进四，象5进3！车二平五，炮4平9，黑方满意。

（4）**马一进三**　马7退5　（5）**车二进四**　车2平4

红方突然点车下二路是妙手，击中了黑方要害，黑方顽强些可士6进5。

（6）**炮五进四**　象5进3

红方先炮击中卒可能是黑方所忽略的，黑方只好扬象，如士6进5，车二平五，将5平6，车五平六，红方胜势。

（7）**车二平六**

至此黑方看到如炮7进6，车七进五，炮4进2，仕四进五，黑方难以抵挡，遂主动认负。

四十六、欲速不达

在对弈中有时为达到自己的目的而急于解决问题，反而适得其反，会被对方利用。

例1 如图8-90，红方有先手，而黑方多子，双方均有机会，黑方先行。

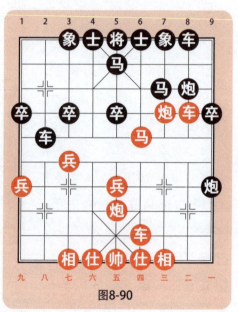

图8-90

（1）………… 炮8平9

黑方平炮兑车急于解决问题，结果反而被红方加以利用，形势瞬间急转直下，适得其反。可炮9平1，暂保持局面僵持，伺机而动较好。

（2）炮五进四　马5进6

红方炮击中兵简明有力，一举获取了优势。

（3）车二进三　马7退8　　（4）马四进二　车2平8

（5）车四进五　车8退1　　（6）炮三退二　车8进1

退炮叫杀兼献车精彩，是红方的连续动作。

（7）炮三平五　车8平5　　（8）车四退一　车5进1

黑方被迫以车砍炮，实际等于一车换二，但黑方子力位置太差，红方大占优势。

（9）兵五进一　马8进7　（10）炮五平三　象7进5
（11）兵五进一　卒3进1　（12）车四平二　士6进5
（13）车二进二　马7退6　（14）兵七进一　象5进3
（15）炮三进三　马6进5　（16）炮三平一　将5平6
（17）车二进二　将6进1　（18）车二退三　卒9进1
（19）炮一平七

红方得理不饶人，寥寥数着黑方已难抵御，至此红胜。

|例2| 如图8-91选自实战，黑方先行。

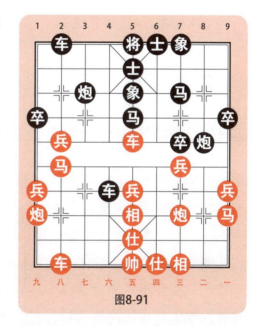

图8-91

（1）………　车4退1

黑方随手退车盯马，致使原本不错的局势一落千丈。应车4平1，车五退一，车2进4，炮九平八，车1平2，车八平六，炮3平4，兵三进一，马5进7，车五平三，后马进5，黑方形势相当满意，占有先手。

（2）马八退七　车4进1　（3）炮三进一　车4进2
（4）车五退一　车2进4　（5）车八进五　炮8平2
（6）兵三进一　马5进3　（7）车五平八　炮2平7
（8）马七进六　车4平1

红方跳马控制制高点兼封住车路，一举两得。黑方平车边路造成车路越走越窄，不如车4平3好些。

（9）炮九平六　车1进1　（10）仕五退六　士5退4

黑方只好先落士守一下，因红方有炮三进四，炮3平7，再车八进五，借将吃士的手段。

（11）车八进二　士6进5

红车进驻卒林要道，全面掌控局势，黑方已没有好应手。

（12）兵一进一　卒1进1　　（13）马一进二　卒1进1
（14）车八平七　炮3平2　　（15）炮三进四　炮2进7

黑炮将军试做最后一搏，如炮2平7，马二进一，后炮平6，马一退三，象5进7，车七退一，红方得子。

（16）相五退七　车1退3　　（17）马二进四　车1平4
（18）仕四进五

至此黑方认输。

四十七、输棋只因次序错

次序在对局之中尤为重要，往往由于着法走的先后顺序不同，而使局面产生截然相反的结果。

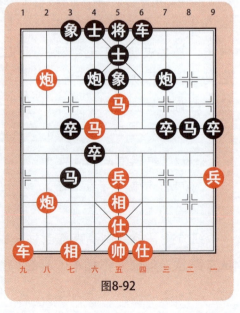

图8-92

例1 如图8-92是2017年第十三届全国运动会象棋预赛大学生混合团体赛尚培峰对陆伟韬的实战。棋至中盘以后，黑方取得了优势，但上一手黑方进马捉红马有随手之嫌，给了红方换取双象的机会。

（1）马六进五　车6进3

红方按常理马踏象是错失良机！应炮八平五，黑方如象3进5，马六进五，马3退2，马五进三，车6进1，马五进四，红方得车胜势。黑方又如士5进6，马五进三，马8退7，马六进四，炮4退1，炮五平三，红方得子占优。

（2）前马进三　将5平6　（3）马五退六　炮4退1

黑方退炮打马，红方将要失子，局面不好收拾了。

（4）车九进三　卒3进1　（5）相五进七　炮4平7

（6）车九平七　车6平2　（7）后炮平四　车2退1

（8）马六进四　将6平5　（9）兵五进一　卒7进1

至此黑方多子占优。

例2 如图8-93是2017年象棋甲级联赛万春林对吉星海的实战盘面，红方先行。黑方上步走还中炮，形成中炮进三兵对左炮封车转列炮的定式布局，但黑方由于马未及时跳出，形成了黑方被动的局面。所以黑方上一步还是马2进3为好。

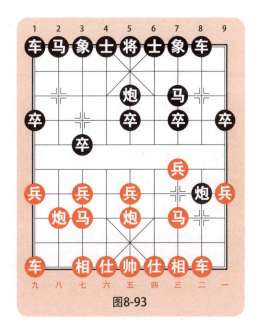

图8-93

（1）炮八进六　车1进1

红方进炮压马抢先上手，先手明显。

（2）车九平八　车8进1　（3）马三进四　车1平2

黑方似车8平2好些，车八进八，车1平2，车二进三，红方占位占优，但黑方强于实战。

（4）车二进三　车2进8

红车砍炮成四车见面，攻击更见锐利。

（5）车二进五　车2平3　　（6）马七退五　炮5进4

黑炮打中兵造成丢子，走车3平2好些，车二平三，马7退5，炮五进四，马2进3，炮五退一，车2退6，马五进六，红方优势。

（7）车二退五　车3退3

红方退车捉炮，黑方失子已成定局。黑方如炮5退2，车二平五，车3平2（如炮5进3，马五退七吃车），车五进二，红方得子。

（8）马四进六　车3平1　　（9）马六退五　象3进5
（10）后马进三　马2进3　　（11）车二进三　车1平4
（12）车二平三　马7退5　　（13）马五进四　车4平6
（14）马四进二　马5退3　　（15）车三进三　士4进5
（16）车三退三　将5平4　　（17）马二进三　车6平7
（18）后马退一　车7平9　　（19）马一进三　车9平7
（20）后马退一　后马进2　　（21）马三退五　马2进1

得子之后，尽管黑方略有骚扰。但红方还是凭借多子优势尽毁黑方双象，基本锁定胜局。

（22）炮五平六　马1进3　　（23）炮六退一　车7平5
（24）仕四进五　后马进2　　（25）车三平四　马2进3
（26）车四进三　将4进1　　（27）马五退七　将4进1

以下红方可车四平八绝杀胜。